언제 어디서나 손쉽게 즐기는 행복한 취미

핸드메이드 지갑&파우치

미래라이프

언제 어디서나 손쉽게 즐기는 행복한 취미

핸드메이드 지갑&파우치

초판 1쇄 인쇄 2016년 4월 25일
초판 1쇄 발행 2016년 4월 29일

지은이 양한나
펴낸이 박수길
펴낸곳 미래지식
기획 편집 김아롬
디자인 김상희, 박한결
사진 탁우영
장소협찬 Living it

주소 경기도 고양시 덕양구 통일로 140 삼송테크노밸리 A동 3층 333호
전화 02)389-0152
팩스 02)389-0156
홈페이지 www.miraejisig.co.kr
전자우편 miraejisig@naver.com
등록번호 제 313-2004-00067호

ISBN 978-89-6584-326-9 13630

[이 도서의 국립중앙도서관 출판예정도서목록(CIP)은 서지정보유통지원시스템 홈페이지(http://seoji.nl.go.kr)와
국가자료공동목록시스템(http://www.nl.go.kr/kolisnet)에서 이용하실 수 있습니다.]
CIP제어번호 : CIP2016009128

＊미래라이프는 미래지식의 취미 실용 전문 브랜드입니다.
＊미래지식은 좋은 원고와 책에 관한 빛나는 아이디어를 기다립니다.
  이메일(miraejisig@naver.com)로 간단한 개요와 연락처 등을 보내주시면
  정성으로 고견을 참고하겠습니다. 많은 응모바랍니다.

언제 어디서나 손쉽게 즐기는 행복한 취미

핸드메이드 지갑&파우치

미래라이프

프롤로그

　이 책을 준비하면서 몇 번의 계절이 지나갔어요. 손끝으로 아기자기한 소품을 만드는 재미도 큰 즐거움이었지만, 그 시간 동안 찬찬히 지나온 시간을 되짚어보는 것도 제게는 의미 있는 일이었습니다. 바느질을 하면서 문득 10여 년 전에 친구에게 선물한 작은 바느질 도구 주머니가 생각나 안부를 물었더니, 친구는 여전히 가지고 있다고 하네요. 바느질을 처음 시작했을 때 만든 주머니라 여러모로 미흡한데도 꽤 오랜 시간 간직해주고, 예쁘게 써줘서 정말 고마웠습니다. 한편으로는 이런 점이 핸드메이드의 매력이 아닐까 하는 생각도 해봤어요. 값비싼 제품은 아니지만 그 안에 정성과 시간, 이야기가 더해져 손끝으로 만든 제품들은 시간이 지날수록 더 가치 있고 특별해집니다.

　이 책에는 손바느질로 만들 수 있는 22개의 지갑과 파우치 레시피를 담았어요. 손바느질이라고 하지만 몇몇 소품을 제외하고는 재봉틀로도 작업할 수 있습니다. 어렵지 않게 만들수 있어 가까운 이들에게도 선물하기 좋은 아이템들이니 차근차근 한 번 만들어보세요. 내가 만든 지갑과 파우치를 누군가에게 선물하고 정말 기뻐하는 모습을 볼 때 바느질의 고단함은 씻은 듯이 사라질 테니까요. 그렇다고 빨리 완성하고 싶은 마음에 너무 서두르지는 마세요. 완벽하게 잘 만들겠다는 마음도

비우고요. 즐거운 마음으로 시작한 일이니 괜한 스트레스를 받을 필요는 없겠지요. 미흡하면 미흡한 대로 자신의 속도에 맞게 한 땀 한 땀 바늘을 움직이다 보면 어느새 실력도 눈에 띄게 늘 거예요.

지갑과 파우치는 종류도 많고 만드는 방법도 다양한데, 이 책에서는 쓰임새 많은 아이템들을 골라 되도록 여러 방법으로 만들어봤어요. 디자인과 장식, 만드는 방법을 참고해 자신에게 쉽고 편한 바느질 방법을 찾아 작품을 새롭게 디자인해보세요. 핸드메이드에 정답은 없답니다!

그럼, 이제 바느질을 시작해볼까요? 천을 쓱쓱 자르고, 실에 바늘을 꿰어 바느질하다 보면 어느새 머릿속에 있던 작품이 눈앞에 펼쳐지는 재미난 경험을 할 수 있을 거예요.

-달정류장에서, 양한나

Contents 차 례

프롤로그 4

바느질 도구 준비하기 8

부자재 준비하기 10

원단 준비하기 12

일러두기 13

기본적인 손바느질 기법 알아두기 18

Part. 1 핸드메이드 지갑

별에서 온 쉘 케이스 22
tip 프렌치 노트 스티치
tip 별자리 수놓기

빨간 구슬 프레임 동전 지갑 28
tip 프레임 달기

마카롱을 닮은 액세서리 지갑 34
tip 안감 쉽게 달기

손안에 쏙 반지갑 40
tip 접착심지 vs 접착솜

동전 주머니가 달린 반지갑 46

지퍼로 여닫는 장지갑 52

부자 되는, 덮개형 장지갑 60
tip 카드꽂이 접기

여러 장도 거뜬히 카드 지갑 **68**

tip 여밈용 끈 만들기

양면으로 사용하는 목걸이형 카드 지갑 **74**
tip 아일렛 박기
tip 스트랩 달기

나만의 색깔을 담은 명함 지갑 **80**

꽃비 내리는 날에, 키홀더 지갑 **86**

Part. 2 핸드메이드 파우치

싱그러운 풀꽃 자수 스트링 파우치 **94**
tip 풀꽃 수놓기

쉽고 간단하게 만드는 다용도 납작 파우치 **100**
tip 지퍼 손잡이 끼우기

비비드한 느낌의 화장품 파우치(덮개형) **106**
tip 블랭킷 스티치

때로는 심플하게 화장품 파우치(지퍼형) **112**

이중 지퍼 우먼 파우치 **118**
tip 지퍼 여러 개 달기

수납도 사용도 편리한 휴대전화 파우치 **124**
tip 여밈용 부자재 달기

여행가고 싶은 날엔 카메라 파우치 **130**

빗방울 똑똑 펜슬 파우치 **136**

언제 어디서든 휴대용 바느질 주머니 **142**
tip 바늘꽂이 만들기

한여름의 필수품, 보냉 물병 주머니 **148**

작은 봉투 모양 도시락 주머니 **154**

부록 **도안 활용하기 161**

원단 및 부자재 구입 176

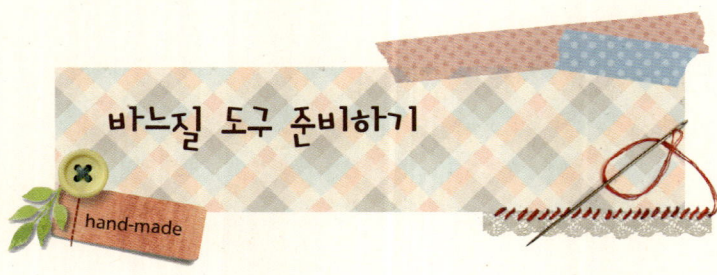

바느질 도구 준비하기

hand-made

기본적으로 갖춰야 할 바느질 도구들을 소개합니다. 바느질 도구들은 종류도, 가격대도 다양한데 처음부터 고가의 제품을 한꺼번에 구입하는 것보다 사용하기 편하고 가격도 부담 없는 도구들을 하나씩 장만하는 것이 좋아요.

1 자

저는 60cm 방안자를 주로 사용하는데, 퀼트 바느질을 할 때 즐겨 쓰는 시접자가 있다면 소품을 만들 때도 유용하고 휴대가 가능해 밖에서도 편리하게 작업할 수 있답니다.

2 초크

원단에 완성선을 그릴 때 필요합니다. 선을 그리고 나서 분필처럼 털어내는 것, 열을 가하면 지워지는 것, 가늘게 선을 그릴 수 있는 샤프 형태 등 초크는 그 종류도 다양해요. 저는 시간이 지나면 날아가는 기화성 펜과 물이 닿으면 지워지는 수성펜을 즐겨 씁니다.

3 가위

원단을 자를 때는 큰 가위가, 실을 자를 때는 작은 쪽가위가 사용하기 편해요. 재단 가위는 원단만 잘라야 오래 사용할 수 있어요. 접착솜이나 접착심지, 지퍼 등을 자를 때는 다른 가위를 사용해주세요.

4 바늘

손바느질을 오래 해도 손가락에 무리가 덜 가고 부드럽게 잡히는 바늘이 좋습니다. 하지만 꼭 고가의 브랜드 제품이 아니라도 생활용품 숍에서 구입할 수 있는 반짇고리나 작은 바늘부터 큰 바늘까지 골고루 들어 있는 바늘 세트도 무난하게

1	2	3
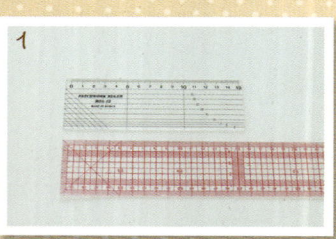	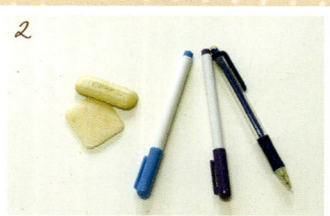	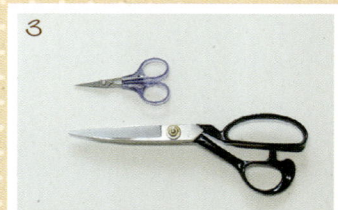
4	5	6

사용할 수 있어요. 수를 놓을 때는 바늘귀가 좀 더 큰 바늘을 준비해주세요.

⑤ 실

손바느질 전용 실은 여러 번 바늘을 오가도 실이 꼬이지 않아 편리하답니다. 하지만 이런 실을 미처 준비하지 못했다면 그냥 집에 있는 실을 사용해도 괜찮아요. 이 책에서는 일반적인 손바느질 실뿐만 아니라 자수 실과 굵은 색실을 장식용으로 활용했어요.

⑥ 시침핀

원단에 도안을 대고 그릴 때, 도안이 움직이지 않게 하거나 바느질하기 전 원단을 고정할 때 사용합니다.

⑦ 바늘꽂이

안에 솜을 채워 넣어 바늘과 시침핀을 꽂을 수 있어요. 바늘꽂이가 없다면 바늘과 시침핀을 자주 잃어버리게 되니 바느질할 때 꼭 챙겨주세요.

⑧ 실뜯개

바느질을 잘못했을 때, 실을 풀거나 자를 수 있는 도구예요.

⑨ 송곳

원단이나 부자재에 구멍을 뚫거나 바느질한 원단의 모서리를 말끔하게 뺄 때 사용합니다.

⑩ 다리미

원단의 구김을 펴거나 시접을 접을 때 필요합니다. 바느질을 하고 다음 과정으로 넘어갈 때 다림질을 해주면 좀 더 완성도 높은 작품을 만들 수 있어요.

⑪ 다리미판

집에서 흔히 사용하는 다리미판도 무난하게 사용할 수 있지만, 오랜 시간 사용하면 열에 의해 틀어질 수 있어 철제 다리미판을 추천합니다.

⑫ 바이어스 메이커

바이어스 테이프를 만들 때 사용하는 도구로 재단한 원단을 넣고 바이어스 메이커를 당기며 다려주면 양옆이 접히면서 바이어스 테이프가 만들어집니다. 필요한 바이어스 테이프 폭에 따라 크기를 선택해주세요.

7   8   9

10   11   12

부자재 준비하기

hand-made

기본적인 바느질 도구 외에도 다양한 부자재를 활용하면 좀 더 쓰임새 있고 완성도 높은 작품을 만들 수 있어요. 만약, 재료들을 미처 갖추지 못했다면 대체할 만한 재료가 없는지 주변을 둘러보세요. 예를 들어, 컴퍼스 대신 냄비 뚜껑이나 밥그릇, 접시 등을 활용하는 것도 방법이에요.

① 스트링

파우치나 지갑을 여밀 때 주로 사용하는 끈이나 줄이에요. 면 끈, 마 끈, 가죽 끈 등 재질에 따라 여러 종류가 있고, 두께도 다양하니 쓰임에 맞게 준비합니다.

② 지퍼

지퍼를 달면 내용물을 안전하게 담을 수 있어요. 지퍼는 필요한 길이에 맞게 구입해도 되지만, 롤 형태로 감겨 있는 지퍼를 활용하면 길이에 맞게 잘라 쓸 수 있어 편리하답니다. 지퍼 손잡이가 달려 있는 제품도 있지만, 개성 있는 손잡이를 따로 구입해 끼워줄 수도 있어요.

③ 쉘 케이스 판

쉘 케이스 틀을 만드는 투명한 판이에요. 겉감을 붙이는 판은 안감을 붙이는 판보다 좀 더 크고 두꺼워요.

④ 프레임

지갑이나 가방 등을 만들 때 입구에 달아줍니다. 프레임의 크기와 모양에 따라 다양한 형태의 소품을 만들 수 있어요.

⑤ 마카롱 지갑 틀

마카롱 형태의 지갑을 만들 수 있는 동그란 틀이에요. 크기가 다양하니 필요한 지갑 크기에 맞게 사용하세요.

⑥ 키홀더

열쇠를 달 수 있는 고리와 키홀더를 달 수 있는 양면 징이 함께 들어 있어요. 키홀더는 4구, 6구 등 고리 수가 다양해요.

⑦ 카드 지갑 속지

카드를 여러 장 수납할 수 있는 부자재예요. 카드 지갑을 만든 다음 안쪽에 끼워줍니다.

1
2
3
4
5
6
7
8

⑧ 접착심지&접착솜

원단에 접착심지나 접착솜을 붙이면 형태를 잘 잡아줄 수 있어요. 뻣뻣한 느낌을 원할 때는 접착심지를, 폭신폭신하게 만들고 싶을 때는 접착솜을 활용합니다. 접착심지와 접착솜 한쪽 면에는 접착 알갱이가 붙어 있어 다림질하면 원단에 붙는답니다. 접착솜은 2온스, 4온스, 7온스 등 밀도와 두께가 다르니 용도에 맞게 구입하세요.

⑨ 단추

단추는 플라스틱 단추, 나무 단추, 싸개 단추, 자개 단추, 똑딱 단추 등 형태와 재질에 따라 다양한 종류가 있어요. 이 책에서는 여밈용으로는 똑딱 단추를, 장식용으로는 싸개 단추나 납작 단추를 주로 사용했어요.
똑딱 단추도 그 종류가 다양한데 자석 똑딱 단추는 여닫기가 편리하고, 가죽이 덧대어진 경우에는 장식 효과가 있어요.

⑩ 아일렛&도구

끈을 끼우거나 장식용으로 쓰입니다. 호수에 따라 크기가 다르니 용도에 맞게 구입하고 아일렛 전용 도구를 사용해 달아주세요.

⑪ 라벨

상호를 알리거나 장식할 때 쓰입니다. 면 라벨, 가죽 라벨, 종이 라벨 등 종류가 다양하니 작품의 성격에 맞는 라벨을 달아보세요.

⑫ 레이스

장식할 때 주로 쓰이는 부자재예요. 원단의 연결 부위에 달아주면 이음선을 말끔하게 감출 수 있고, 밋밋한 작품을 돋보이게 해줍니다.

⑬ 패브릭 펜

섬유 전용 펜으로, 원단에 글씨를 쓰거나 그림을 그린 후에 다려주면 세탁 후에도 지워지지 않아요.

⑭ 패브릭 풀&패브릭 워셔블 매직 테이프

바느질하기 전에 패브릭 풀로 원단을 고정해주면 좀 더 쉽게 작업할 수 있거요. 특히 지퍼를 달 때 유용한데, 패브릭 워셔블 매직 테이프도 같은 용도로 활용할 수 있어요. 이 책에서는 별도의 부자저 없이 시침질한 후에 지퍼를 달아주었어요.

⑮ 패브릭 전사 스티커

원하는 디자인의 전사 스티커를 구입해 원단에 올려놓고 다림질해주면 부착이 되는 장식용 부자재예요. 무지 천이나 밋밋한 원단에 포인트를 줄 때 활용해보세요.

⑯ 바이어스 테이프

천을 비스듬히 잘라서 만든 테이프로, 시접 처리나 장식할 때 사용합니다. 특히 시접이 두꺼워서 마무리가 곤란할 때 유용하게 활용할 수 있어요. 바이어스 테이프는 기성 제품을 사용하기도 하지만, 바이어스 메이커로 직접 만들어 쓰기도 합니다.

9

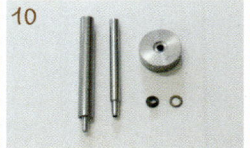

10

11

12

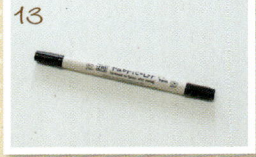

13

14

15

16

원단 준비하기

hand-made

같은 방법으로 만든 작품이라도 원단의 디자인과 조합에 따라서 그 느낌은 천차만별로 달라집니다. 여기서는 원단을 구입하는 방법과 원단을 고를 때 주의할 점 등을 알아봅니다.

원단을 구입하는 방법

원단은 보통 '마' 단위로 구입합니다. 여기서 '마'는 원단의 길이를 뜻하는데, 대략 90cm 정도예요. 그러니까 한 마는 90cm, 두 마는 180cm 이런 식으로 계산해서 필요한 양만큼 주문하면 됩니다. 소품을 만들거나 배색에 자신이 없을 때는 4분의 1마 단위로 잘라서 묶음 판매하는 원단도 있으니 활용해보세요.
원단을 주문할 때는 '마'뿐만 아니라 '20수'니, '30수'니 하는 말들도 흔히 접하게 되는데 여기서 '수'는 원단의 두께를 말해요. 숫자가 클수록 실의 두께는 가늘어지고 원단도 얇아집니다. 이 책에서는 20수와 30수의 리넨과 면직물을 주로 사용했어요.

원단을 고를 때 주의할 점

초보자에게는 물방울 무늬처럼 위, 아래, 좌, 우의 구별이 없는 디자인 원단을 권합니다. 그래야 재단 실수도 덜하고, 무늬를 맞추기 위해 손실되는 원단도 줄일 수 있어요. 디자인이 어렵게 느껴질 때는 원단 한 장에 다양한 디자인을 담아 적당한 크기로 잘라 쓸 수 있는 커트지를 활용해보세요.

원단 손질하기

구입한 원단은 바느질하기 전에 먼저 세탁해주세요. 이렇게 선 세탁을 해주면 원단 제작 과정에서 묻은 오물이나 먼지를 제거할 수 있고, 원단 특유의 냄새도 빠지게 됩니다. 원단을 구입해서 바로 바느질을 하면 세탁 후에 줄어들 수 있으므로 수축률이 큰 원단은 더욱 선 세탁을 하는 게 좋아요. 선 세탁한 후에는 원단이 약간 덜 마른 상태에서 다림질해야 구김이 잘 펴진답니다. 다림질하면서 올이 틀어지지 않게 바로잡아주세요.

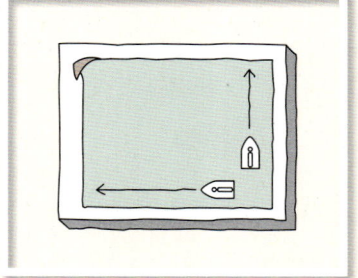

일러두기

이 책에 자주 등장하는 기본적인 바느질 방법이에요. 본격적으로 바느질을 시작하기 전에 먼저 알아두세요.

재단하기

재단 그림을 참고해 원단 뒷면에 완성선을 그려주세요. 실물 도안이 있을 때는 비치는 종이에 옮겨 그리거나 도안을 복사해 완성선을 그려주세요. 다음은 이 책에서 사용한 재단 기호입니다.

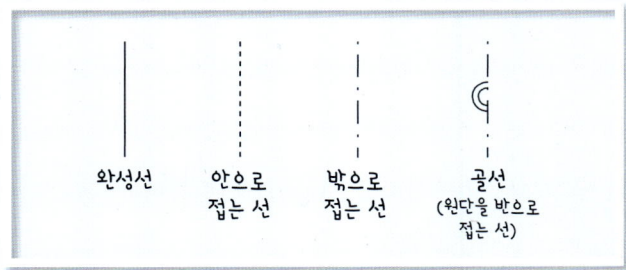

완성선　　안으로　　박으로　　골선
　　　　　접는 선　　접는 선　　(원단을 밖으로
　　　　　　　　　　　　　　　접는 선)

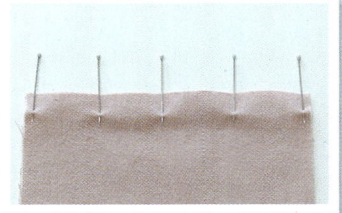

시침핀 꽂기

바느질하기 전에 시침핀으로 원단을 고정해주세요. 시침핀은 양 끝에 먼저 꽂아준 다음, 중간에 꽂고 간격을 맞춰 사이사이에 꽂아줍니다. 보통 완성선에 직각이 되도록 꽂는데, 저는 시침핀 머리가 걸려서 바느질하기 곤란할 때 가로로 꽂아주기도 합니다.

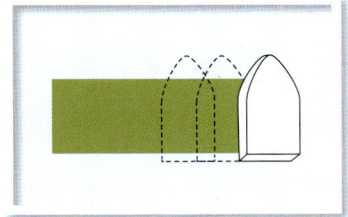

접착솜&접착심지 붙이기

접착 알갱이가 붙어 있는 쪽에 분무기로 물을 뿌린 다음, 원단 뒷면에 접착면을 대고 뒤집어주세요. 원단의 겉에서 밀지 말고 위에서 누르듯이 다리미로 열을 가해줍니다.

🔘 시접 정리

원단 두 장을 이었을 때 연결 부분의 시접은 가름솔로 양쪽으로 갈라주거나 한쪽으로 접어서 다림질해주세요. 모서리 부분의 시접은 뒤집었을 때 시접이 겹쳐서 두꺼워지지 않도록 사선으로 잘라주세요. 이때 바느질한 선까지 자르지 않도록 주의해주세요. 곡선 부분은 가위집을 넣거나 시접을 약간만 남겨두고 잘라줍니다.

🔘 바이어스 테이프 만들기

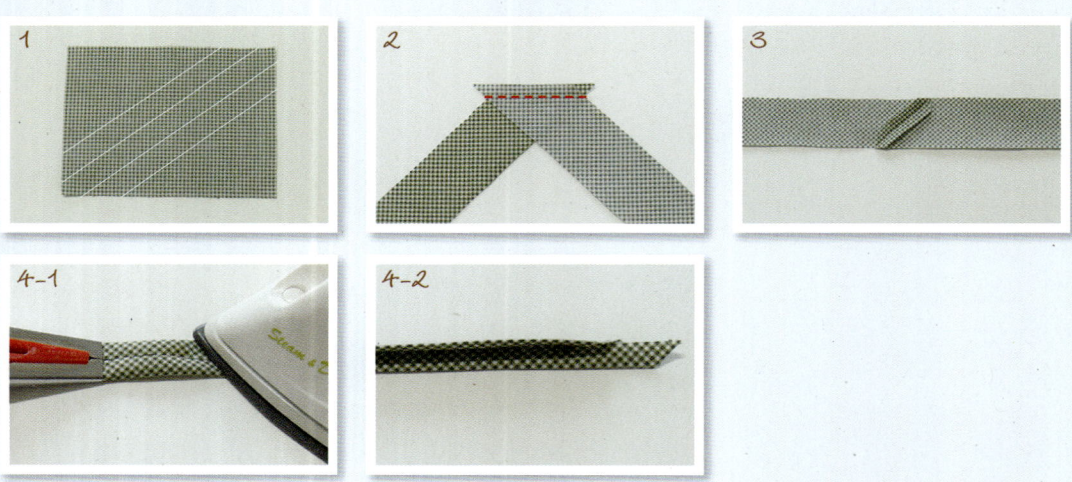

1. 원단을 45도 각도로 비스듬히 잘라주세요. 폭은 쓰임에 맞게 조절합니다.
2. 겉끼리 마주 대고 윗부분을 박음질해주세요.
3. 시접을 가름솔로 정리하고, 튀어나온 시접을 잘라주세요.
4. 바이어스 메이커가 있을 때는 바이어스 메이커를 당기며 접혀져 나온 바이어스 테이프를 다림질해주세요. 바이어스 메이커가 없을 때는 바이어스 테이프를 길게 반으로 접은 다음 위, 아래 시접을 안쪽으로 접어서 다림질해줍니다.

🔲 단추 달기

단춧구멍이 두 개인 단추

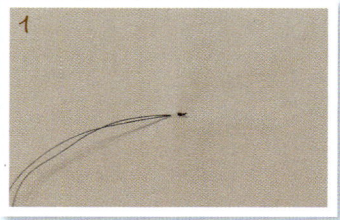
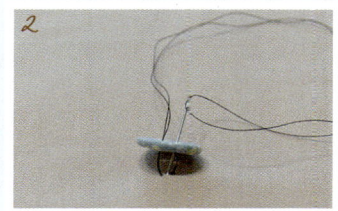

1. 실 끝에 매듭을 지어 바늘을 겉쪽에서 안쪽으로 꽂은 다음, 원단을 살짝 떠주세요.
2. 실을 단춧구멍으로 통과시켜주세요. 이렇게 2~3번 바늘을 오가며 단추를 고정해줍니다.
3. 마지막 땀은 바늘을 원단 안으로 넣지 말고, 단추와 원단 사이에 실을 2~3바퀴 감아 기둥을 만들어주세요. 그리고 고리를 만들어 바늘을 통과시킨 다음 실을 당겨주세요.
4. 바늘을 원단 안쪽으로 빼내 매듭을 짓거나 단추 가까이에서 매듭을 지은 다음, 원단을 한 땀 뜨고 실을 잘라주세요.

기둥이 있는 단추

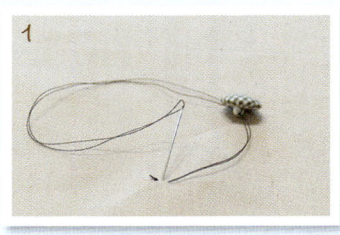

1. 구멍이 두 개인 단추 달기와 같은 방법으로 실을 단춧구멍으로 통과시켜주세요. 이렇게 2~3번 오가며 단추를 고정해줍니다.
2. 매듭을 지은 다음, 원단을 한 땀 뜨고 실을 잘라주세요.

자석 단추

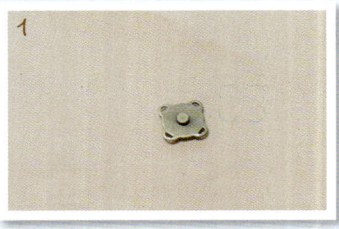
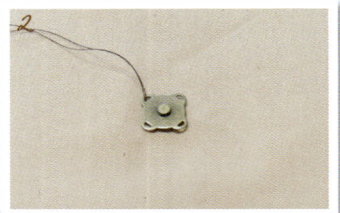
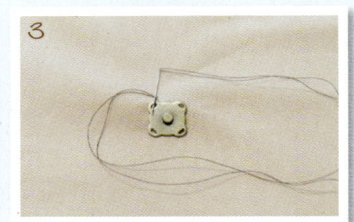

1. 수성펜으로 단추를 달아줄 위치를 표시해주세요.
2. 실 끝에 매듭을 지어 바늘을 겉쪽에서 안쪽으로 꽂은 다음, 원단을 살짝 떠주세요. 단춧구멍으로 실을 통과시켜줍니다.
3. 실로 고리를 만들고 그 사이로 바늘을 집어넣은 다음 빼냅니다.
4. 구멍 하나에 이런 과정을 3~4번 반복해서 단추를 고정해주세요.
5. 같은 방법으로 나머지 단춧구멍들도 모두 고정해주세요. 매듭을 짓고 바늘을 자석 단추 안쪽으로 넣어 실을 잘라주세요.

🟦 스프링 도트 달기

재료 | 펀치, 겉단추 누름쇠, 안단추 누름쇠, 바닥 몰드, 겉단추(수), 겉단추(암), 안단추(수), 안단추(암)

1. 단추를 달아줄 부분을 수성펜으로 표시를 하고, 펀치나 송곳으로 구멍을 뚫어준 다음,
   겉단추(수) 부분을 구멍에 끼워주세요.
2. 그 위에 겉단추(암)를 올려주세요. 겉단추 누름쇠를 구멍에 맞게 끼우고 망치로 박아
   줍니다. 이때 아래쪽에 바닥 몰드를 대고 박아주세요.
3. 같은 방법으로 안단추(수)를 구멍에 끼우고 안단추(암)를 올려주세요. 안단추 누름쇠를
   덮고 망치로 박아줍니다.

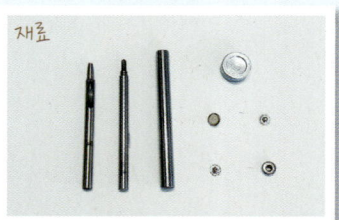

재료

🟦 지퍼 달기

이 책에서는 두 가지 방법으로 지퍼를 달아주었어요. 첫째는 겉감에 지퍼를 달아준 다음 공그르기로 안감을 연결해주는 방법이고, 둘째는 겉감과 안감 사이에 지퍼를 넣고 바로 달아주는 방법입니다. 작품 별로 필요한 지퍼는 시중에서 판매하는 지퍼 길이를 기준으로 적어 두었어요. 롤 형태의 지퍼는 적당한 길이로 잘라서 씁니다.

지퍼 다는 방법 1

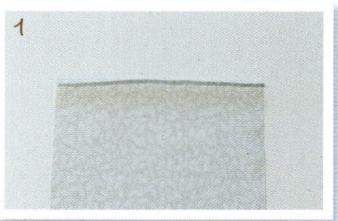
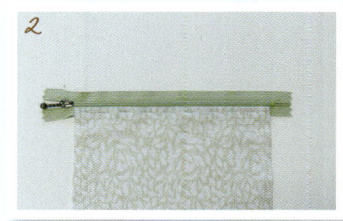
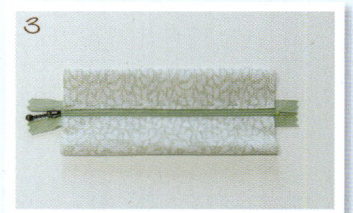
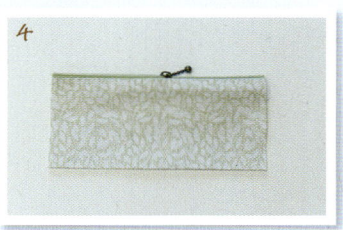
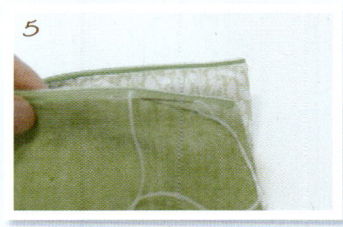

1. 지퍼가 달릴 원단의 위, 아래 시접을 안쪽으로 접어주세요.
2. 지퍼 위에 시접을 접어둔 부분을 올리고 시침질로 고정한 다음, 가장자리에서 0.2cm 안으로 들어와 홈질해주세요. 이때 지퍼 손잡이를 빼거나 한쪽으로 밀어두고 작업하면 바느질하기가 쉽답니다. 지퍼 양 끝을 1.5cm 접어주면 지퍼를 좀 더 예쁘게 달아줄 수 있고, 시침질 대신에 패브릭 풀이나 패브릭 워셔블 매직 테이프를 활용해 지퍼를 고정해줘도 됩니다.
3. 맞은편도 같은 방법으로 지퍼를 달아주고, 시침실은 뜯어주세요.
4. 밀어둔 지퍼 손잡이는 중앙으로 보내고 길이에 맞게 지퍼를 잘라주세요.
5. 안감을 달아줄 때는 지퍼를 달아준 부분의 바늘땀이 살짝 덮이도록 안감 입구를 시침핀으로 고정하고, 공그르기로 연결해주세요.

지퍼 다는 방법 2

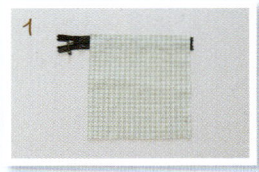
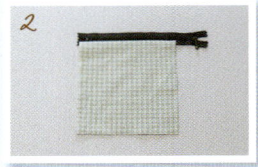
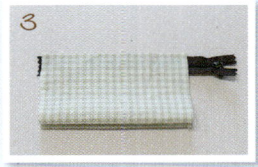
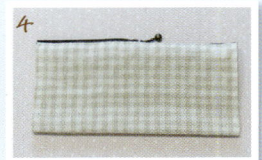

1. 안감의 겉면 위에 지퍼의 겉이 보이게 올려주세요. 이때 지퍼 손잡이를 빼거나 한쪽으로 밀어두고 작업하면 바느질하기가 좀 더 쉽습니다. 그 위에 겉감의 겉면을 마주 보게 합니다. 겉감과 안감, 지퍼를 시침질로 고정하고 시접 1cm로 박음질해주세요. 이 책에서는 시접을 1cm로 주었기 때문에 지퍼가 잘 열릴 수 있도록 가장자리에서 약간 안쪽으로 들어와 지퍼를 올려주었어요.
2. 시침질한 실을 제거한 다음, 뒤집어서 다림질해주세요. 원단이 뜨지 않게 홈질로 고정해줍니다.
3. 맞은편도 같은 방법으로 지퍼를 달아주세요.
4. 밀어둔 지퍼 손잡이는 중앙으로 보내고 길이에 맞게 지퍼를 잘라주세요.

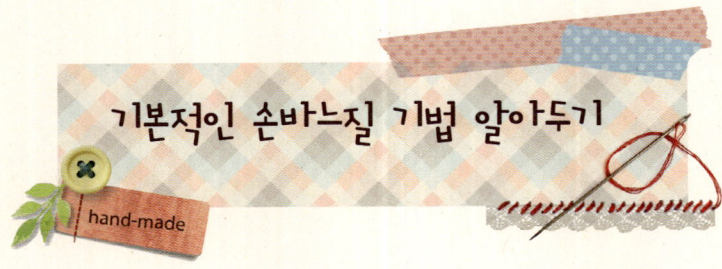

기본적인 손바느질 기법 알아두기

hand-made

이 책에 실린 아이템들은 기본적인 손바느질 기법을 활용해 만들었어요. 홈질, 박음질, 공그르기 이 세 가지만 알고 있으면 누구나 어렵지 않게 만들 수 있어요.

홈질(러닝 스티치)

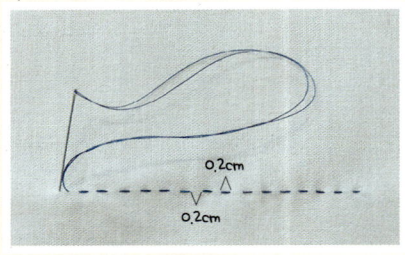

손바느질할 때 많이 쓰이는 바느질 기법이에요. 한 땀 한 땀 같은 간격으로 바느질해줍니다. 박음질보다는 덜 튼튼하지만, 좀 더 빨리 작업할 수 있어요. 이 책에서는 주로 박음질로 작업했는데, 시간이 많이 걸릴 수 있으니 홈질을 적절하게 활용해보세요.

박음질(백 스티치)

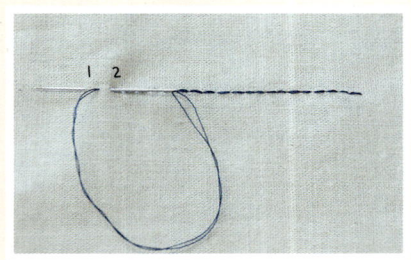

한 땀을 뜨고 되돌아가서 꿰매주는 과정을 반복하는 바느질 기법이에요. 원단을 가장 튼튼하게 이어줄 수 있는 반면, 그만큼 시간이 많이 걸린답니다. 이 책에서는 뒷면에 바늘땀이 보이거나 원단이 뜨지 않게 바느질해줄 때는 홈질을, 튼튼하게 마무리해야 하는 부분에서는 박음질로 작업했어요.

🔵 공그르기

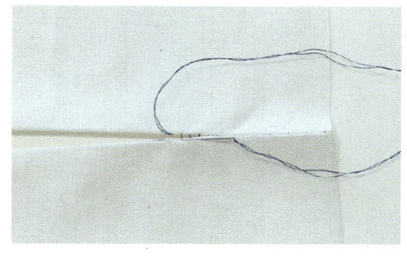 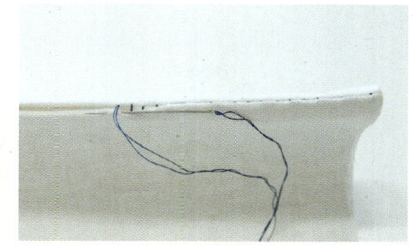

공그르기는 원단의 시접을 맞대고 바늘을 양쪽에서 번갈아 가며 안쪽으로 떠주기 때문에 실 땀이 겉으로 보이지 않는 바느질 기법이에요. 밑단을 접어서 꿰맬 대나 창구멍을 막을 때, 끈을 접어서 겉에서 마무리 할 때 주로 쓰인답니다.

그 외 알아두면 유용한 손바느질 기법

🟢 시침질

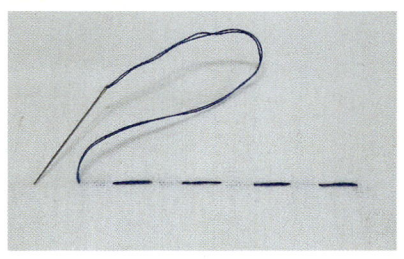

홈질이나 박음질을 하기 전, 임시로 원단을 고정할 때 쓰이는 바느질 기법이에요. 홈질과 같은 방법으로 꿰 매는데, 본바느질이 끝난 후에 뜯어내야 하므로 홈질 보다는 바늘땀을 좀 더 크게 떠줍니다.

🔵 감침질

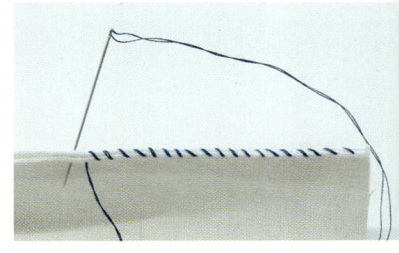

옷단이나 시접의 가장자리를 마무리할 때 주로 쓰이는 바느질 기법이에요. 원단을 감아주듯이 꿰매서 튼튼하 게 이어줄 수 있어요. 이 책에서는 원단과 실 색깔을 달 리해 작품의 포인트로 활용하기도 했어요.

Pretty Little Purses

별에서 온 쉘 케이스

빨간 구슬 프레임 동전 지갑

마카롱을 닮은 액세서리 지갑

손안에 쏙 반지갑

동전 주머니가 달린 반지갑

지퍼로 여닫는 장지갑

부자 되는, 덮개형 장지갑

여러 장도 거뜬히 카드 지갑

양면으로 사용하는 목걸이형 카드 지갑

나만의 색깔을 담은 명함 지갑

꽃비 내리는 날에, 키홀더 지갑

Part. 1 핸드메이드 지갑

Pretty Little Purses & Pouches

별에서 온
쉘 케이스

'쉘 케이스'는 조개처럼 생긴 부자재예요.

   처음에는 배가 불룩한 형태의 판들을 어떻게 활용하라는 건지 난해했어요.

     궁금해서 만들기 시작했는데 어느새 케이스 하나를 뚝딱 만들고

원단에 북두칠성, 카시오페이아, 오리온 별자리 수를 놓고 있었어요.

밤하늘을 품고 우주를 유영하는 쉘 케이스의 느낌으로!

내 별자리나 가까운 사람의 별자리를 수놓아 선물하는 것도 의미가 있을 것 같아

꼼지락 꼼지락 몇 개 더 만들어보았어요.

나를 위해 만든 쉘 케이스 안에는 이어폰을 돌돌 감아 넣어두었지요.

Pretty Little Purses & Pouches

벌에서 온 쉘 케이스

〰〰〰**완성 치수** | 가로 8cm, 세로 5cm(쉘 케이스 小)

〰〰〰**재료** | 진한 남색 무지 원단(겉감), 하늘색 꽃무늬 원단(안감), 쉘 케이스 판(겉감용 두꺼운 판 3장, 안감용
얇은 판 3장), 접착솜(4온스), 딱풀 또는 목공풀, 자수실

 재단하기

1. 겉감 뒷면에 두꺼운 쉘 케이스 판 3장을 대고 완성선을 그려주세요. 수를 놓으려면 앞면에도 완성선을 그려줍니다.

2. 안감 뒷면에 얇은 쉘 케이스 판 3장을 대고 완성선을 그려주세요.

3. 겉감과 안감은 시접 1.5cm를 주고 재단합니다.

4. 겉감용 접착솜 3장, 안감용 접착솜 3장도 재단해둡니다. 접착솜은 시접을 따로 주지 않아요.

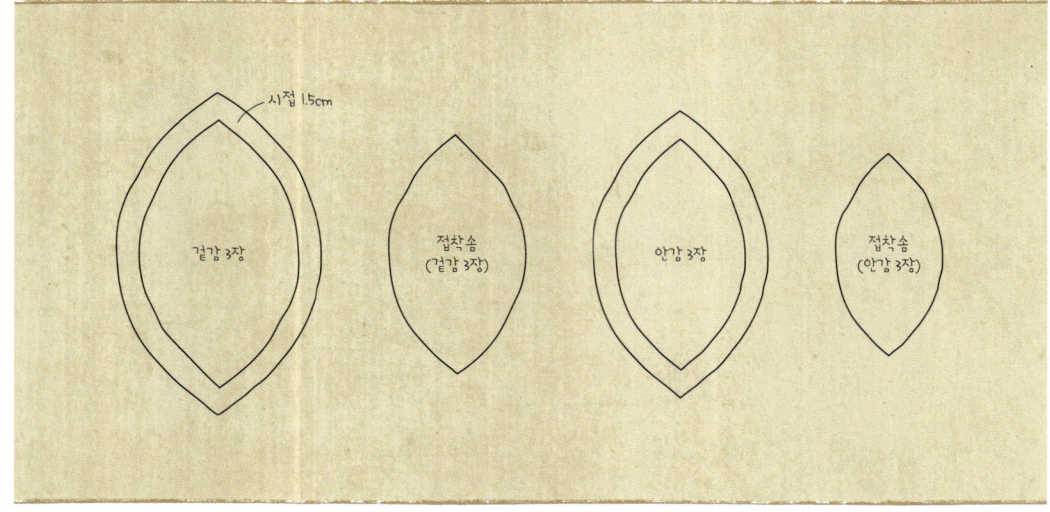

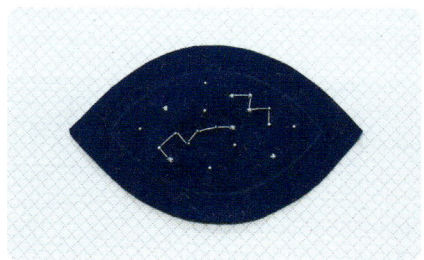

1 재단해둔 겉감 앞판에 초크로 북두칠성 과 카시오페이아 별자리를 그리고 흰색 실로 수를 놓아주세요. 별자리는 프렌치 노트 스티치로, 주변 별들은 ＊모양으로, 별자리를 잇는 선은 길게 연결해줍니다.

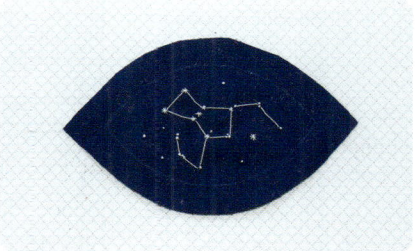

2 겉감 뒤판게는 초크로 오리온자리를 그 리고 흰색 실로 수를 놓아주세요. 별자 리 그림은 162P 도안과 27P를 참고하세요.

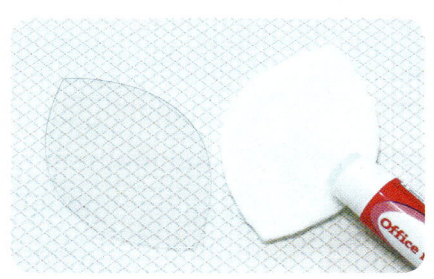

3 쉘 케이스 판에 딱풀이나 목공풀을 바르 고 접착솜을 붙여주세요. 겉감용 두꺼운 판 3장, 안감용 얇은 판 3장에 접착솜을 붙여줍 니다.

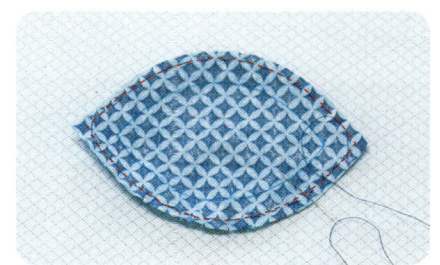

4 겉감과 인감은 가장자리에서 0.5cm 들 어와 빙 둘러서 홈질하세요.

Tip

프렌치 노트 스티치

별자리를 좀 더 도드라져 보이게 수놓고 싶다면 실을 여러 번 감아보세요.
실을 감는 횟수에 따라 큰 별과 작은 별의 느낌이 날 거에요.

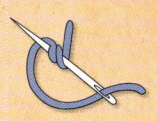

5 접착솜을 붙인 쉘 케이스 판을 접착솜이 원단 쪽으로 가게 올린 다음 실을 당겨서 오므려주세요.

6 원단이 벌어지지 않게 지그재그로 꿰매주세요. 나머지 다섯 장도 같은 방법으로 만들어주세요.

7 이렇게 만들어둔 겉감과 안감용 판을 안끼리 마주 대고 공그르기로 이어주세요.

8 뒤판과 바닥판도 같은 방법으로 만들면 앞판, 뒤판, 바닥판 3면이 완성됩니다.

9 앞판과 바닥판을 안끼리 맞대고 공그르기로 이어주세요. 이때 시작 부분은 'ㅁ'자 모양으로 바늘을 오가며 튼튼하게 꿰매줍니다.

10 입구 부분을 남기고, 뒤판과 바닥판도 같은 방법으로 이어주세요.

11 여닫을 때 옆면이 벌어지지 않게 입구
아래 양쪽을 두세 번 바늘을 오가며 꿰
매주세요.

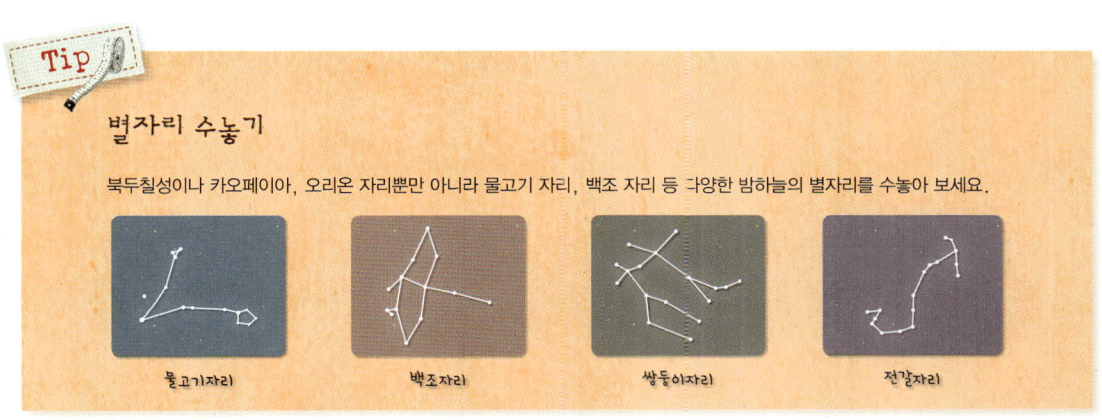

별자리 수놓기

북두칠성이나 카오페이아, 오리온 자리뿐만 아니라 물고기 자리, 백조 자리 등 다양한 밤하늘의 별자리를 수놓아 보세요.

물고기자리   백조자리   쌍둥이자리   전갈자리

빨간 구슬 프레임
동전 지갑

빨간 알사탕 같은,

　　작고 귀여운 구슬 장식이 달린 프레임을 보고 설레었어요.

　　　　무엇을 어떻게 만들겠다는 생각도 없이 덥석 들고 와서

그때부터 고민하기 시작했죠.

'어떤 원단이 어울릴까? 레이스를 달까, 스티치를 할까?

밑면을 풍성하게 여러 조각을 이어볼까, 아니면 밑면 없이 간단하게 만들까?'

그러다 귀여운 고양이 무늬 원단이 생각나서 쓱쓱 오리고,

안감은 구슬 장식과 어울리는 빨간색 무지 원단을 넣어주었어요.

만들어놓고 보니 귀요미 고양이와 빨간 구슬 장식이 제법 잘 어울리네요.

배가 빵빵한 동전 지갑이 귀여워서 웃음이 나기도 하고요.

"냐옹~" 다정한 고양이 인사를 건네 봅니다.

Pretty Little Purses & Pouches

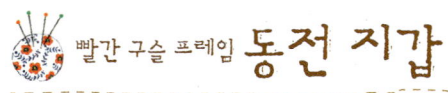

빨간 구슬 프레임 동전 지갑

준비하기

〰〰 **완성 치수** | 가로 9.5cm, 세로 9.5cm

〰〰 **재료** | 고양이무늬 원단(겉감 앞판&뒤판), 빨간색 물방울무늬 원단(겉감 옆판), 빨간색 무지 원단(안감),
접착솜(4온스), 8.5cm 둥근 프레임, 자수실

재단하기

1. 겉감 뒷면에 163P 도안을 대고 앞판과 뒤판, 옆판을 그려주세요. 이때 앞판과 옆판에 연결점을 표시해줍니다.
2. 안감도 겉감과 같은 방법으로 앞판과 뒤판, 옆판을 그려주세요.
3. 겉감과 안감은 시접 1cm를 주고 재단합니다. 접착솜은 시접을 따로 주지 않아요.

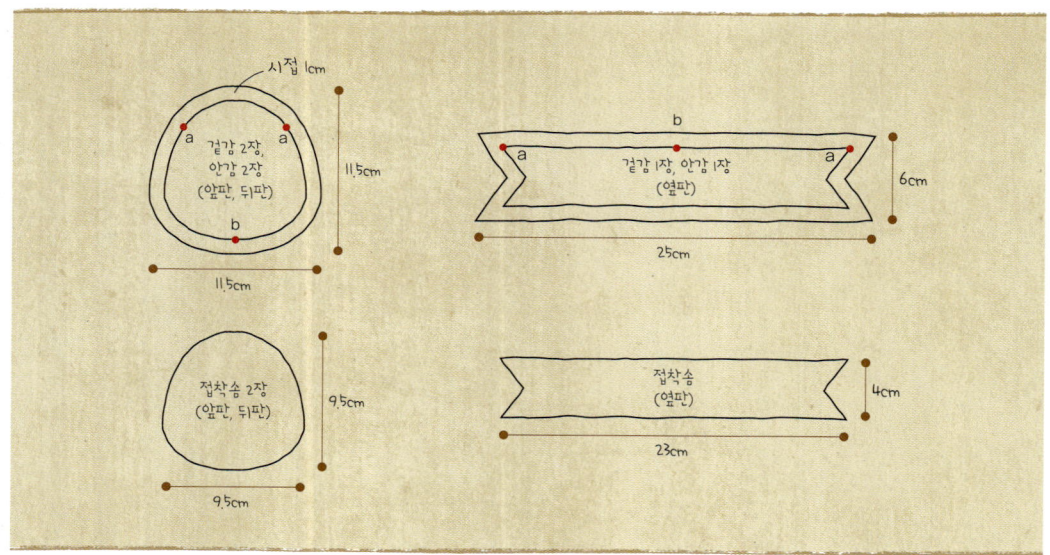

1 재단해둔 겉감 원단 뒷면에 접착솜을 붙일 거예요. 접착솜을 완성선에 맞춰놓고, 뒤집어서 원단의 겉쪽에서 다림질해줍니다.

2 겉감의 앞판과 옆판을 겉끼리 마주 대고, 시접 1cm로 박음질해주세요. 이때 연결점을 잘 맞춰주세요.

3 겉감의 뒤판과 옆판도 같은 방법으로 이어주세요.

4 시접의 곡선 부분에 가위집을 주고 뒤집은 다음 앞판과 뒤판, 옆판의 이음선을 따라 홈질해주세요. 스티치는 장식 효과도 있지만 접착솜을 고정하는 역할도 한답니다.

5 안감의 앞판과 옆판도 겉끼리 마주 대고 시접 1cm로 박음질해주세요.

6 뒤판과 옆판도 이어주는데, 이때 아래쪽에 창구멍 5cm를 남겨둡니다.

7 겉감과 안감의 겉이 마주 보도록 겉감을 안감에 넣어주세요.

8 겉감과 안감의 입구 부분을 맞춰서 시접 1cm로 박음질해줍니다.

9 곡선 부분과 밑판의 V자 부분에 가위집을 주고, 시접을 정리합니다.

10 창구멍으로 뒤집어주세요.

11 공그르기로 창구멍을 막아 줍니다.

12 안감을 겉감 안으로 넣어주 세요.

13 앞판과 뒤판의 입구 둘레를 스티치해주세요.

14 프레임을 벌려서 겉감의 중심과 프레임의 중심을 맞춰 끼워주세요.

프레임 안쪽에서는 바느질땀이 보이기 때문에 작게 떠주세요.

15 중심에서 왼쪽으로 홈질하듯이 바늘을 옮기며 자수실로 프레임을 연결한 다음, 다시 중심으로 오면서 빈칸을 채워줍니다.

16 이번에는 중심에서 오른쪽 끝까지 홈질하듯이 프레임을 연결한 다음, 다시 중심으로 오면서 빈칸을 채워주세요.

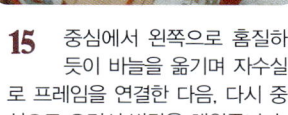

17 맞은편 프레임도 같은 방법으로 연결해줍니다.

완성

Tip

프레임 달기

프레임을 중앙에서부터 다는 이유는 끝에서부터 시작하면 어느 한쪽으로 치우칠 수 있기 때문이에요. 초보자는 프레임 다는 일이 조금 어렵게 느껴질 수 있어요. 프레임을 투명한 실로 고정하고 다시 자수실로 연결하거나, 송곳으로 원단을 프레임 안쪽으로 살짝 밀어 넣으며 고정해보세요. 한두 개 만들다 보면 자신만의 노하우가 생길 거예요.

마카롱을 닮은
액세서리 지갑

프랑스의 디저트 빵인 마카롱을 닮아서 마카롱 지갑이라고 불리는 걸까요?

마카롱 형태의 틀을 활용해서 만들었지요.

지퍼를 열었을 때 동전이 쏟아질까 봐

따로 주머니를 만들어 안감에 붙이고,

귀걸이나 목걸이 같은 작은 액세서리를 보관할 수 있도록

안쪽에 거울도 달아주었어요.

마카롱 지갑을 만든 때가 마침 꽃들이 막 피기 시작하는 봄이라

새가 그려진 원단으로 지갑을 여러 개 만들어

꽃나무 가지 위에 올려두고 사진을 찍어 봤어요.

봄소식 전하러 날아온 새 한 마리와 화사한 꽃밭,

손바닥 위에 올릴 수 있는 작은 지갑 하나가

소소한 일상을 설레게 합니다.

Pretty Little Purses & Pouches

 마카롱을 닮은 **액세서리 지갑**

〰**완성 사이즈 |** 지름 7.5cm

〰**재료 |** 새 그림 원단(겉감 앞판), 나무 그림 원단(겉감 뒤판), 하늘색 꽃무늬 원단(안감), 파란색 꽃무늬 원단
(주머니감), 접착솜(4온스), 마카롱 틀(7.5cm), 지퍼(길이 25cm), 거울(지름 7cm), 글루건
또는 순간접착제

 **재단하기**

1. 마카롱 틀의 크기는 다양한데, 여기서는 실용적으로 쓸 수 있는 지름 7.5cm 틀을 활용했어요. 마카롱 틀의 크기
에 따라 재단 치수는 달라집니다.

2. 겉감 뒷면에 164P 도안을 대고 지름 15cm로 원을 그려주세요.
겉감용 접착솜은 마카롱 틀을 덮을 수 있게 지름 11cm로 잘라둡니다.

3. 안감 뒷면에 165P 도안을 대고 지름 10cm로 원을 그려주세요. 안감용 접착솜은 완성 치수(지름 7.5cm)보다
0.5cm 작게 재단해둡니다. 안감 앞판에는 거울을 달고, 접착솜은 안감 뒤판에만 붙여줄 거예요.

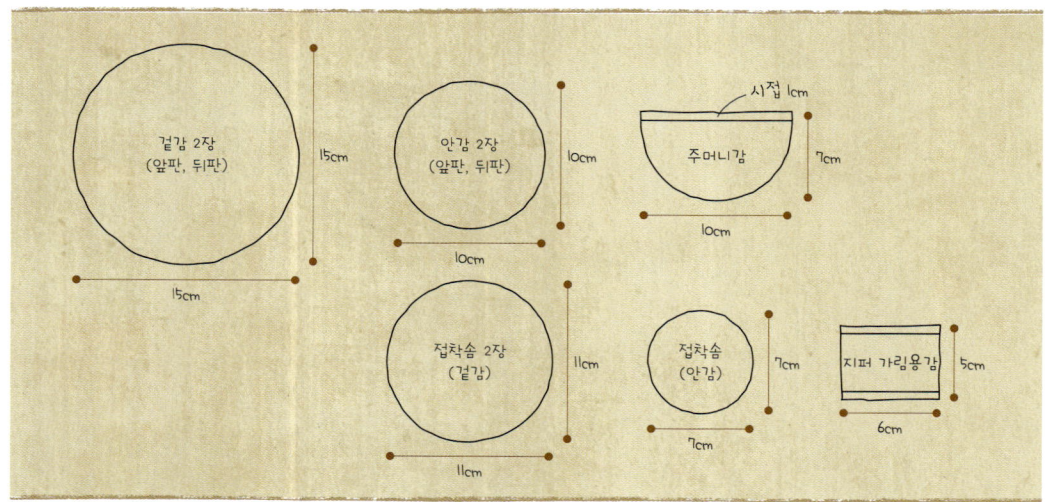

1 재단해둔 겉감 뒷면에 접착솜을 붙일 거예요. 접착솜을 중앙에 올려놓고, 뒤집어서 원단의 겉쪽에서 다림질해줍니다.

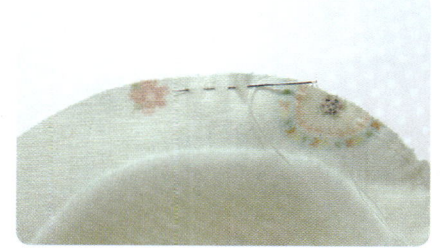

2 접착솜을 붙인 겉감의 둘레를 0.5cm 들어와 홈질해주세요. 이때 실을 두 겹으로 사용하면 마카롱 틀에 씌울 때 좀 더 힘껏 잡아당길 수 있어요.

3 겉감 위에 마카롱 틀을 올린 다음, 실을 당겨서 오므려주세요.

4 원단이 벌어지지 않게 지그재그로 바늘을 오가며 꿰매주세요. 뒤판도 같은 방법으로 만들어줍니다.

5 지퍼 가림용으로 재단해둔 원단의 위, 아래 시접을 1cm로 접은 다음 다림질하세요.

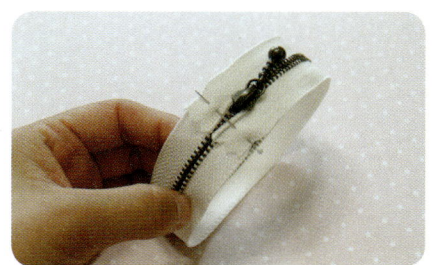

6 마카롱 틀의 둘레에 지퍼를 맞춰 보고 끝부분을 겹쳐서 길이를 조절해줍니다. 겹친 부분은 홈질로 살짝 고정하고, 남는 부분은 잘라주세요.

7 지퍼가 겹쳐지는 부분을 5에서 만들어둔 지퍼 가림용감으로 앞, 뒤 모두 감싸주세요. 가장자리를 공그르기 한 다음, 남는 부분은 잘라줍니다.

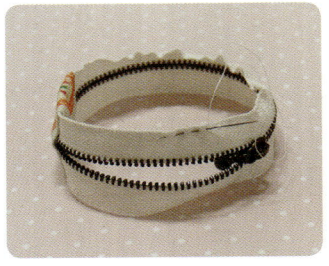

8 지퍼의 가장자리를 홈질하고 실을 당겨주세요. 반대쪽도 같은 방법으로 해서 지퍼 모양을 둥글게 잡아줍니다. 이렇게 작업해 두면 마카롱 틀을 연결할 때 좀 더 수월하답니다.

9 마카롱 틀과 지퍼를 공그르 기로 연결해주세요.

지퍼에 선이 두 개 보일 거예 요. 지퍼 쪽에 가까운 선을 따라서 바느질하면 얇은 형태로, 그 위에 있 는 선을 따라서 바느질하면 좀 더 통 한 형태의 마카롱 지갑을 만들 수 있어요.

두꺼운 종이에 165P 도안을 옮겨 그린 뒤, 안감 원단 안 쪽에 넣고 실을 당겨서 다림질 해주면 모양이 잘 잡힌답니다.

10 이제 안감을 만들 거예요. 안감 앞판은 겉감과 같은 방법으로 둘레를 홈질한 다음, 실 을 당겨서 모양을 잡아줍니다.

11 안감 뒤판은 주머니부터 만들어줄 거예 요. 주머니감의 윗부분을 0.5cm씩 안쪽 으로 두 번 접은 다음, 0.2cm 들어와 홈질해주 세요.

0.5cm

접착솜 대신 가방 바닥 판처럼 모양이 잘 잡히는 소재를 넣어줘도 됩니다.

12 안감 겉면에 주머니를 올리 고, 겉감처럼 가장자리 둘레 를 홈질해주세요.

13 안감 앞판과 같은 방법으로 모양을 잡아 준 다음, 안쪽에 접착솜을 넣고 원단이 벌어지지 않게 지그재그로 바늘을 오가며 꿰매 주세요.

14 안감을 마카롱 틀 안쪽에 넣고 공그르기
해주세요.

15 겉감 앞판 안쪽에 글루건이나 순간접착
제를 이용해 거울을 붙여주세요.

안감 쉽게 달기

여기서는 안감을 공그르기로 연결했는데, 글루건이나 순간접착제로 붙이면 좀 더 쉽게 작업할 수 있어요. 거울이나 주머니를 따로
달아주는 게 번거롭다면 과정을 줄여서 간단하게 안감을 달아보세요.

Red beads frame coin purse

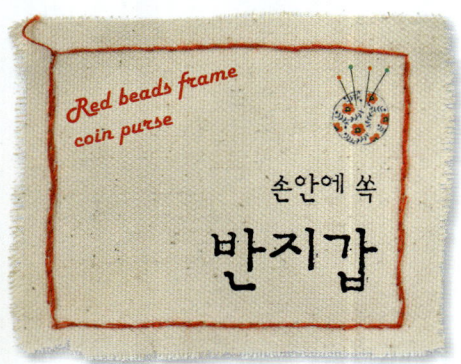

손안에 쏙

반지갑

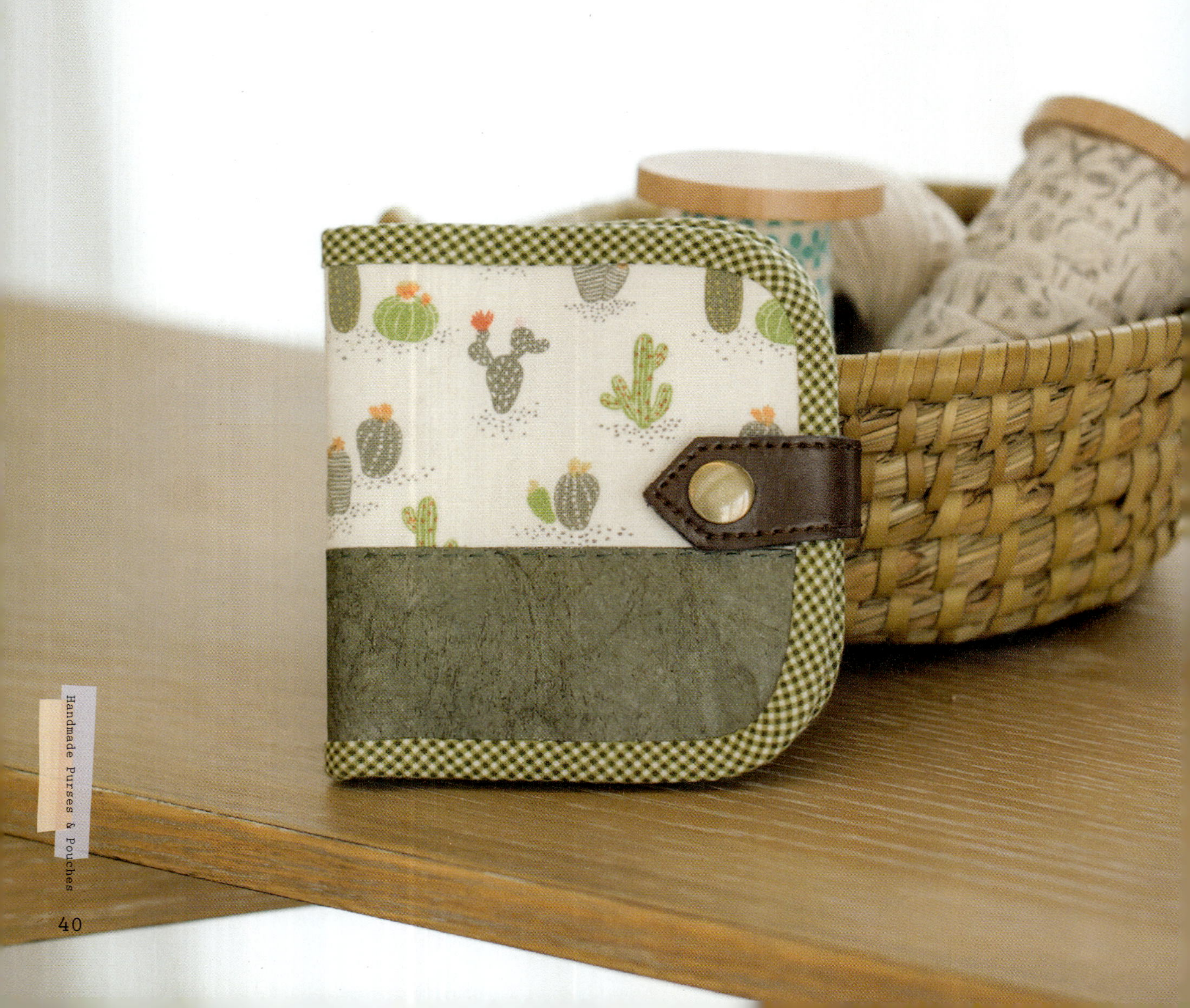

"선인장 같아요."

　　　언젠가 사람을 선인장에 비유한 글을 본 적이 있어요.

　　　　잔뜩 가시를 세우고 있지만, 속은 물로 가득 찬 선인장처럼

겉으로는 강해 보여도 속은 여린 사람을 두고 한 말이었어요.

그 말을 듣고 나서는 선인장이 달리 보였어요.

따갑고, 메마르고, 관심 따위는 필요로 하지 않는 식물이 아니라

말캉한 속살에 화사한 꽃을 피우는 반전의 아름다움을 가진 식물로요.

그래서일까요, 선인장 무늬의 원단을 보자마자

반가운 마음에 집어 들었어요. 그리고 지갑을 만드는 동안

가시마저도 예쁠 만큼 다정한 마음이 들었습니다.

Pretty Little Purses & Pouches

손안에 쏙 **반지갑**

준비하기

〰〰**완성 사이즈** | 가로 10.5cm, 세로 10.5cm

〰〰**재료** | 선인장무늬 원단(겉감 위), 카키색 무지 원단(겉감 아래), 연두색 무지 원단(안감), 연두색 물방울&체크
무늬 원단(카드꽂이감), 접착심지, 접착솜(2온스), 바이어스 테이프, 여밈용 가죽 장식, 자수실

재단하기

1. 겉감과 안감, 접착심지, 접착솜은 166P 도안을 대고 그려주세요.

2. 카드꽂이감은 재단 그림을 참고해 원단 뒷면에 완성선을 그려주세요.

3. 바이어스 테이프로 마무리하는 지갑이므로, 시접은 편의상 필요한 부분에만 표시했어요.
별도의 표시가 없는 부분은 그대로 재단해주세요.

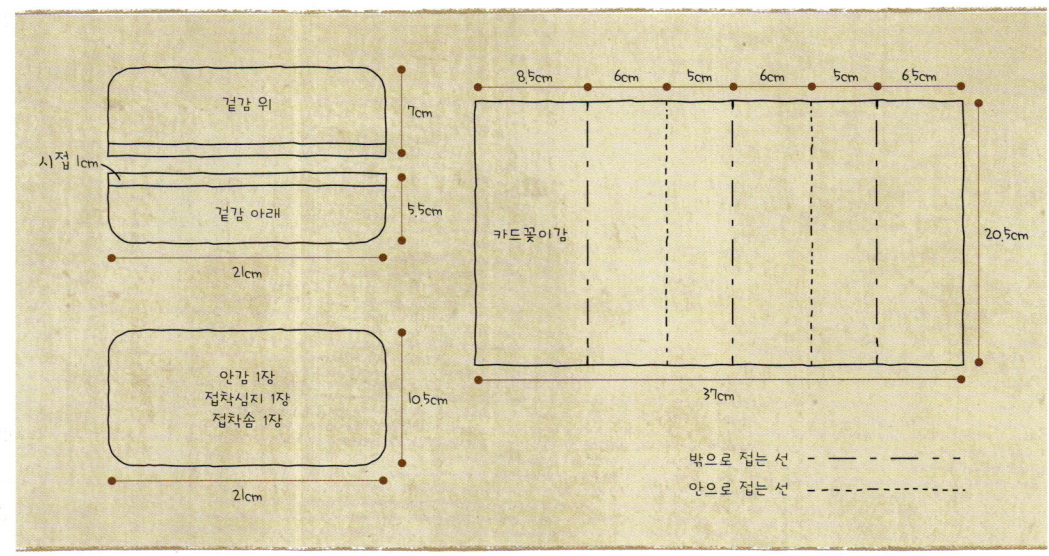

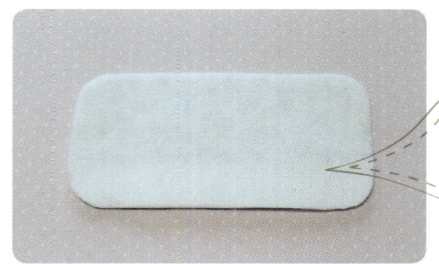

시접은 가름솔로 정리해도 되는데, 흰색 원단이라 비칠 수 있어서 한쪽으로 넘겨주었어요.

1 겉감 위와 겉감 아래 원단을 겉끼리 마주 대고 시접 1cm로 박음질해주세요.

2 시접을 아래쪽으로 접어주세요. 겉감 원단 뒷면에 접착심지를 붙인 다음, 그 위에 다시 접착솜을 붙여줍니다.

카드꽂이를 좀 더 튼튼하게 만들고 싶다면, 안쪽에 접착심지를 붙여주세요.

3 뒤집어서 이음선 아랫부분을 스티치해주세요. 스티치는 장식 효과도 있지만 접착심지와 접착솜을 고정해주는 역할도 한답니다.

4 이제 카드꽂이 부분을 만들 거예요. 카드꽂이감은 재단 그림을 참고해 겉면 쪽에서 안과 밖으로 번갈아가며 접어서 다림질해줍니다.

5 카드꽂이의 중앙 부분을 홈질해 칸막이를 나눠주세요.

6 겉감과 안감을 안끼리 마주 대고, 그 위에 카드꽂이를 올려주세요. 카드꽂이는 아래쪽 원단 끝에 맞춰줍니다.

7 모서리 부분을 겉감과 안감에 맞춰 둥글게 자른 다음, 시침질해주세요.

반으로 접었을 때 안쪽에서 울지 않고 잘 접힐 수 있도록 카드꽂이의 가로 길이를 0.5cm 작게 재단해주었어요.
가로 길이가 다르므로 약간 당겨서 가장자리를 시침질해주세요.

8 바이어스 테이프를 지갑 겉면에 올리고 한쪽 면을 펼쳐서 박음질해주세요. 이때 시작 부분은 1cm 접어 넣고, 마무리는 시작 부분과 겹치도록 바이어스 테이프를 여유 있게 잘라줍니다.

9 바이어스 테이프를 넘겨 시침질한 다음, 공그르기해주세요.

여밈용 가죽 장식이 없을 때는 '동전 주머니가 달린 반지갑(46P)'을 참고해 똑딱 단추를 달아주세요.

10 겉감 뒷면 중앙에 실을 두 겹으로 해서 여밈용 가죽 장식을 달아주세요. 바느질할 때 카드꽂이 안쪽까지 함께 박지 않도록 주의해주세요.

11 맞은편 여밈용 가죽 장식도 달아주세요.

완성

Tip

접착심지 vs 접착솜

원단에 접착심지나 접착솜을 붙여주면 형태를 잘 잡아줄 수 있어요. 빳빳한 느낌을 원할 때는 접착심지를, 폭신폭신하게 만들고 싶을 때는 접착솜을 활용합니다. 여기서는 접착심지와 접착솜을 함께 사용해 좀 더 튼튼하게 만들어주었어요. 카드꽂이감이 여러 겹 겹쳐지고 바이어스 테이프로 마감하는 지갑이라 너무 두꺼워지면 바느질하기 어려울 수도 있으니, 얇은 두께의 접착솜을 사용하거나 빼도 된답니다.

동전 주머니가 달린
반지갑

원단을 둘러보기 위해 시장에 자주 가는 편이에요. 그러다 보니 지금 당장 필요하지는 않지만
'눈에 들어와서', '예뻐서' 부자재나 소품들을 구입할 때가 있어요.
　　어릴 때 보물 상자에 넣어두었던 돌멩이나 구슬, 조개껍데기처럼
가지고 있는 것만으로도 배부른 '취향이 담긴' 아이템들……
시장 골목을 지나다 "아유, 예뻐!" 감탄하며 담아온
색색의 손뜨개 꽃송이들이 생각나서 지갑에 장식으로 달아봤어요.
꽃송이만으로는 심심해 보여 색실로 스티치를 해주었고요.
스티치할 때는 보통 자수 실을 많이 쓰지만
색실, 마 끈, 굵은 면사 등 그때그때 눈에 띄는 다양한 소재들을 활용하기도 합니다.
투박하면 투박한 대로 그 나름의 멋이 있으니까요.
낡은 옷에서 떼어둔 단추나 구슬, 포장용 끈 등도 버리지 않고
나만의 소잉 보물 상자에 모아둔답니다.

Pretty Little Purses & Pouches

준비하기

〰 **완성 사이즈** | 가로 10.5cm, 세로 12.5cm

〰 **재료** | 연보라색 무지 원단(겉감), 연보라색 물방울무늬 원단(안감), 연보라색 꽃무늬 원단(카드꽂이 안감&카드꽂이감&동전 주머니감), 접착심지, 접착솜(2온스), 지퍼(길이 10cm), 꽃 장식, 색실, 바이어스 테이프, 똑딱 단추(지름 1.5cm)

재단하기

1. 겉감과 안감, 접착심지, 접착솜은 167P 도안을 대고 그려주세요.

2. 카드꽂이감은 원단을 반으로 접어서 재단해주세요.

3. 바이어스 테이프로 마무리하는 지갑이므로, 시접은 편의상 필요한 부분에만 표시했어요.
별도의 표시가 없는 부분은 그대로 재단해주세요.

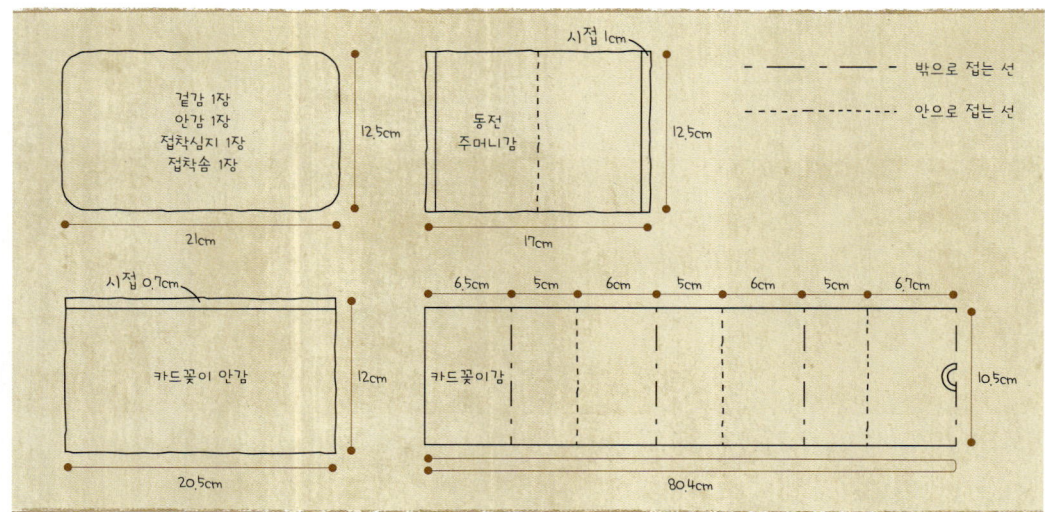

1 겉감 뒷면에 접착심지를 붙여주세요.

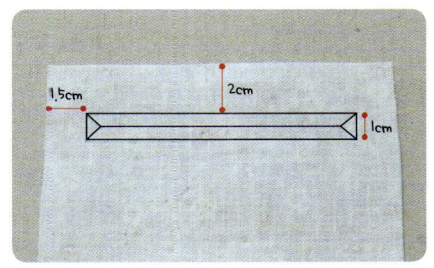

2 사진을 참그해 동전 주머니감 뒷면에 수성펜으로 지퍼가 달릴 자리를 표시해주세요.

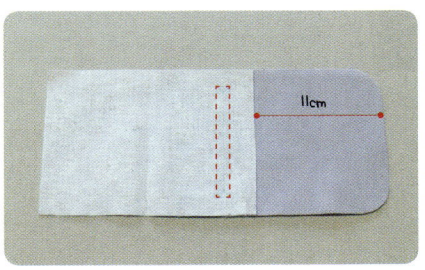

3 동전 주머니감을 겉감의 겉끼리 마주 보게 겉감 위에 올리고 수성펜으로 표시해둔 테두리를 박음질해주세요.

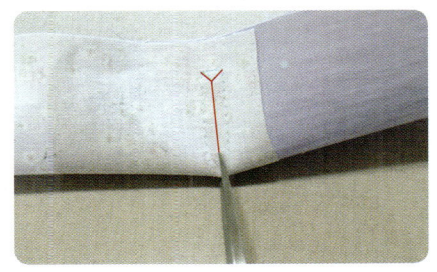

4 가위집을 내서 사진처럼 잘라줍니다.

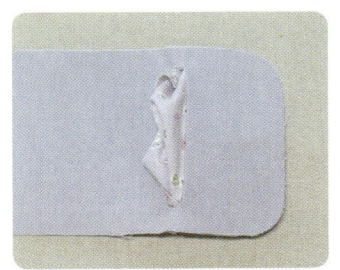

5 동전 주머니감을 구멍 안쪽으로 밀어 넣어주세요.

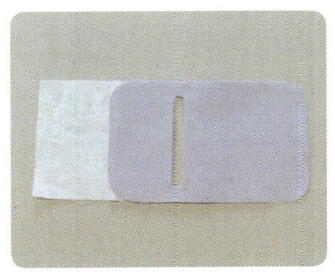

6 시접을 정돈하고 다림질해주세요.

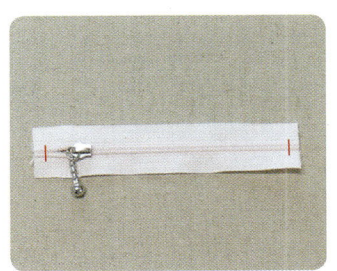

7 지퍼를 겉감 폭에 맞게 자른 다음, 양 끝이 벌어지지 않게 홈질이나 박음질로 고정해주세요.

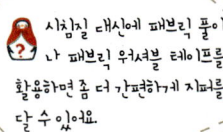

시침질 대신에 패브릭 풀이나 패브릭 워셔블 테이프를 활용하면 좀 더 간편하게 지퍼를 달 수 있어요.

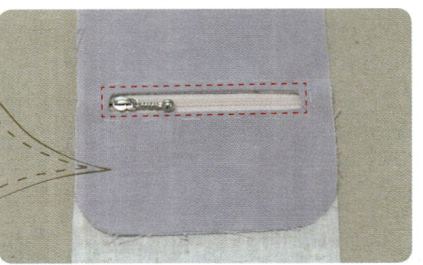

8 지퍼를 대고 시침질한 다음 둘레를 홈질 해주세요.

9 동전 주머니감을 접어서 겉 끼리 마주 대고 윗부분을 시접 1cm로 박아줍니다. 이때, 겉 감까지 함께 박지 않도록 주의해 주세요.

10 겉감 뒷면에 접착솜을 붙 여주세요.

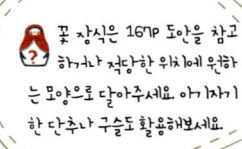

꽃 장식은 167p 도안을 참고 하거나 적당한 위치에 원하 는 모양으로 달아주세요. 아기자기 한 단추나 구슬도 활용해보세요.

11 꽃 장식을 달고 스티치를 해주세요.

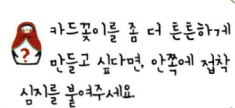

카드꽂이를 좀 더 튼튼하게 만들고 싶다면, 안쪽에 접착 심지를 붙여주세요.

12 이제 카드꽂이 부분을 만 들 거예요. 카드꽂이감은 재단 그림을 참고해 겉면 쪽에서 안과 밖으로 번갈아가며 접어서 다림질해줍니다.

13 카드꽂이 안감을 카드꽂이 위에 겉끼리 마주 보게 올 린 다음, 윗부분을 시접 0.7cm로 박음질해주세요.

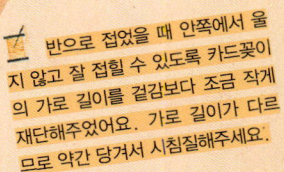

반으로 접었을 때 안쪽에서 울지 않고 잘 접힐 수 있도록 카드꽂이의 가로 길이를 겉감보다 조금 작게 재단해주었어요. 가로 길이가 다르므로 약간 당겨서 시침질해주세요.

14 원단을 위로 접어 끝부분을 감싸고 다시 아래로 접어주세요.

15 겉감과 안감을 안끼리 마주 대고, 그 위에 14에서 만들어둔 카드꽂이를 올려주세요. 모서리 부분을 겉감과 안감에 맞춰 둥글게 자른 다음 시침질합니다.

16 바이어스 테이프를 올리고 한쪽 면을 펼쳐서 박음질해주세요. 이때 시작 부분은 1cm 접어 넣고, 마무리는 시작 부분과 겹치도록 바이어스 테이프를 여유 있게 잘라줍니다.

17 바이어스 테이프를 넘겨 시침질한 다음, 공그르기해주세요.

18 지갑 안쪽 중앙 부분에 똑딱 단추를 달아주세요. 바느질할 때 카드꽂이 안쪽까지 함께 박지 않도록 주의하세요.

완성

지퍼로 여닫는
장지갑

쉽게 만드는 것 같지만, 머릿속으로 이미 수도 없이 많은 구상을 한 다음에
작업에 들어갑니다. 종이로 본을 떠서 대략의 치수를 가늠하고
가장 유용한 형태를 찾아낸 다음 여러 원단을 조합해서 디자인해 보고,
장식이 될 만한 부자재를 구입하고……
이런 과정들이 실제로는 만드는 것보다 더 오랜 시간이 걸려요.
특히 지갑은 사용하기 편한 형태를 찾기 위해서 도안을 그렸다 지우기를 반복하고
가로형, 세로형, 동전 주머니가 있는 지갑, 동전 주머니가 없는 지갑 등
샘플도 여러 개 만들어봤어요.
그런데도 머릿속으로 구상한 형태와 결과물이 맞아떨어지지 않을 때,
치수에 착오가 생겨서 한 장밖에 없는 원단을 잘못 잘랐을 때,
'아아!' 정말 울고 싶어집니다. 그렇지만 이내 다시 마음을 다잡고 리셋!
어쩌면, 그런 과정을 거쳤기 때문에
완성했을 때 기쁨과 애착이 더 큰 건지도 모르겠어요.

Pretty Little Purses & Pouches

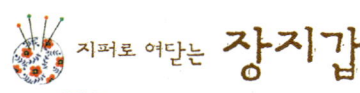

지퍼로 여닫는 **장지갑**

준비하기

〰️**완성 사이즈 ┃** 가로 20cm, 세로 11cm

〰️**재료 ┃** 흰색 영문 원단(겉감A), 크라프트지 색상의 영문 원단(겉감B), 베이지색 무지 원단(안감&동전 주머니 안감),
베이지색 체크무늬 원단(카드꽂이감&동전 주머니 겉감), 접착심지, 접착솜(4온스), 지퍼(50cm),
동전 주머니 지퍼(길이 18cm), 자수실

재단하기

1. 겉감은 원단 두 장을 사선으로 이어줄 거예요. 이때 좀 더 색다른 느낌을 주기 위해 한쪽 원단의 무늬를
거꾸로 해서 재단했어요.

2. 겉감과 안감, 접착심지, 접착솜은 168P 도안을 대고 그려주세요. 접착심지와 접착솜은 시접을 따로 주지 않아요.

3. 카드꽂이감은 원단을 반으로 접어서 재단해주세요.

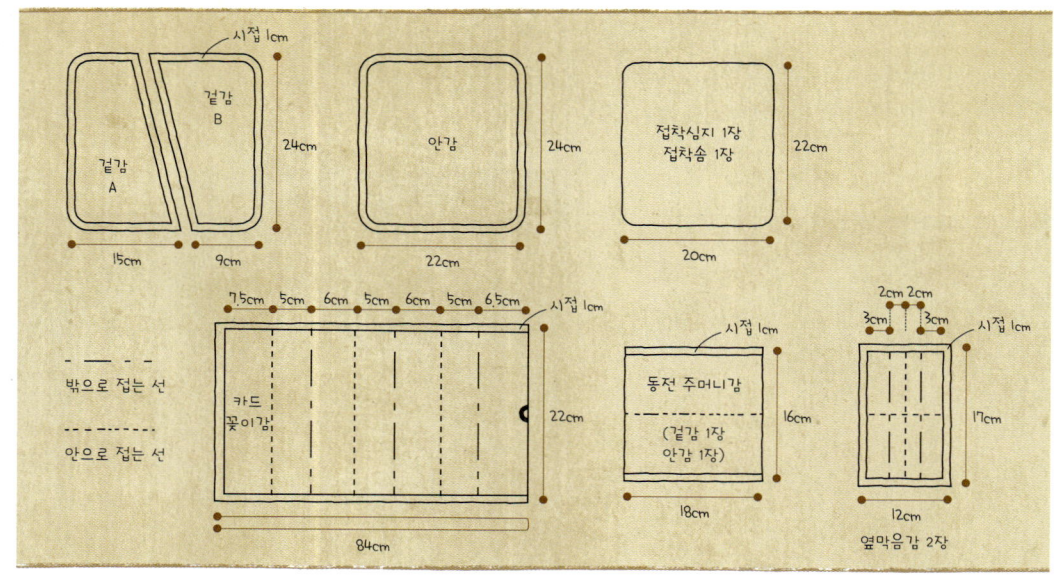

1 겉감 A와 B를 겉끼리 마주 대고 시접 1cm로 박음질해주세요.

2 시접을 가름솔로 정리하고 위, 아래에 튀어나온 시접을 잘라준 다음 뒷면에 접착심지를 붙여주세요. 그리고 그 위에 다시 접착솜을 붙여줍니다.

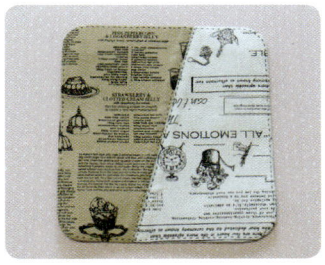

3 가장자리 시접을 안쪽으로 다림질해서 접어주세요. 뒤 집어서 겉감의 이음선 양쪽과 둘 레를 홈질해줍니다.

4 카드꽂이감은 재단 그림을 참고해 겉감 쪽에서 안과 밖으로 번갈아가며 접어서 다림 질해주세요.

5 카드꽂이의 중앙 부분을 홈질해서 칸막 이를 나눠주세요.

6 지갑 안감과 카드꽂이를 겉끼리 마주 대 고 카드꽂이가 움직이지 않도록 시침핀 으로 고정하거나 시침질한 다음, 완성선을 따라 박음질해줍니다. 이때 아래쪽에 창구멍을 남겨 두세요.

창구멍

7 카드꽂이의 모서리를 안감에 맞춰서 잘라주고, 곡선 부분의 시접에는 가위집을 넣어주세요.

8 창구멍으로 뒤집어주세요. 공그르기로 창구멍을 막은 다음 다림질합니다.

시침질 대신에 패브릭 풀이나 패브릭 워셔블 테이프를 활용하면 지퍼를 좀 더 간편하게 달 수 있어요.

9 이제 동전 주머니를 만들 거예요. 동전 주머니 안감의 겉면 위에 지퍼의 겉이 보이게 올리고, 그 위에 겉감의 겉면을 마주 보게 합니다. 겉감과 안감, 지퍼를 시침질로 고정하고 시접 1cm로 박음질해주세요.

시접을 1cm로 주었기 때문에 지퍼는 가장자리에서 약간 안쪽으로 들어와 놓아주세요. 이때 지퍼 손잡이를 빼거나 한쪽으로 밀어두고 작업하면 바느질하기가 좀 더 쉽답니다.

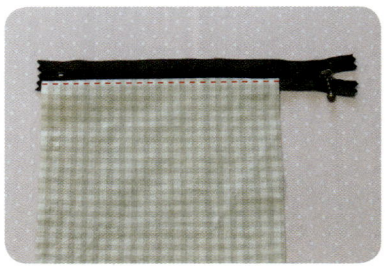

10 시침질한 실을 제거한 다음, 뒤집어서 다림질해주세요. 원단이 뜨지 않게 가장자리에서 0.2cm 들어와 홈질로 고정해줍니다.

11 맞은편도 같은 방법으로 지퍼를 달아주세요. 겉감과 안감을 접어 올려 그 사이에 지퍼를 끼우고 박음질해줍니다.

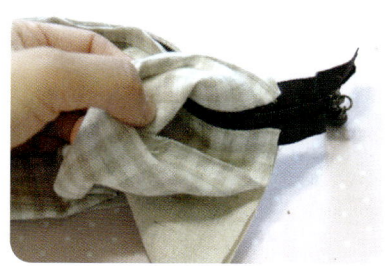

12 겉감 안으로 손을 넣어 뒤집어주세요.

13 원단이 뜨지 않게 가장자리에서 0.2cm 들어와 홈질해주세요. 밀어둔 지퍼 손잡이는 중앙으로 보내고 동전 주머니 길이에 맞게 지퍼를 잘라주세요.

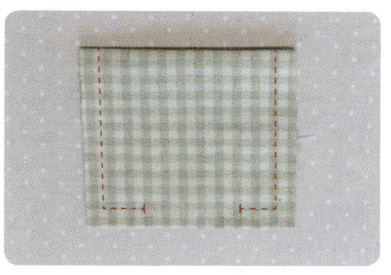

14 동전 주머니를 지갑에 고정해줄 옆 막음감은 겉끼리 마주 대고 반으로 접은 다음, 아래쪽에 창구멍을 남기고 완성선을 따라 박음질해주세요.

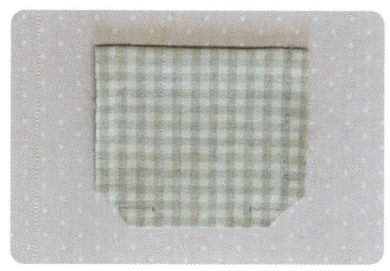

15 모서리 시접을 사선으로 자르고 창구멍으로 뒤집어주세요.

16 공그르기로 창구멍을 막은 다음 다림질해주세요. 나머지 한 장도 같은 방법으로 만들어주세요.

17 재단 그림을 참고해 안과 밖으로 번갈아가며 접어서 다림질해주세요. 산처럼 접힌 부분에서 0.2cm 안쪽으로 들어와 홈질로 고정해주세요.

18-1 동전 주머니를 옆막음감에 끼우고 가장자리에서 0.5cm 안쪽으로 들어와 홈질해주세요.

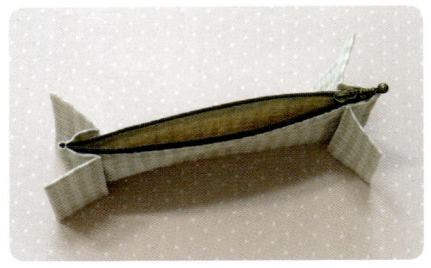

18-2 이런 모양으로 고정해주세요.

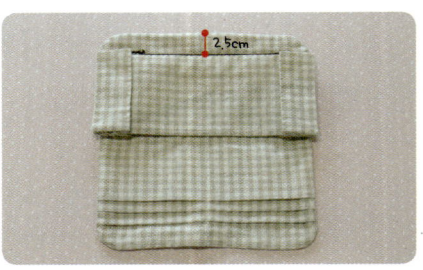

19 동전 주머니 옆막음감을 지갑 안쪽에 공그르기로 고정해주세요.

20 사진을 참고해서 맞은편도 지갑 안쪽에 공그르기로 고정해주세요.

21 이제 지퍼를 달아줄 차례예요. 지갑 겉감에 중앙 부분을 표시한 다음, 길이를 재서 지퍼에 표시해주세요. 이때 지퍼 양 끝에 여분의 시접을 더해줍니다.

22 지퍼를 전부 열고 겉감을 지퍼 위에 올려주세요. 겉감과 지퍼에 표시해둔 부분을 잘 맞춰서 시침질하고, 공그르기로 지퍼를 연결합니다. 지퍼 양 끝의 시접은 안쪽에 고정해주세요.

지퍼를 연결한 실이 살짝
덮이게 공그르기해주세요.
겉에서 트일 수 있으므로 지퍼
색과 실 색깔을 맞춰줍니다.

23 시침질한 실은 뜯어내고, 겉감 안쪽에
안감을 안끼리 마주 보게 올린 다음 공
그르기해주세요.

완성

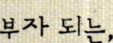

부자 되는,
덮개형 장지갑

서툰 솜씨로 처음 만들었던 지갑은 친구에게 선물로 주었어요.

그런데 생각해 보니 지갑을 선물한 게 꽤 오래전 일이네요.

그사이 많이 낡았겠구나 싶어서 다시금 지갑을 만들어 봅니다.

붉은색이 복을 불러온다기에 살구색 원단을 쓱쓱 오리고

쓰임새 있게 카드 수납 칸도 여러 개 만들어주었어요.

사는 게 바쁘다는 핑계로 띄엄띄엄 안부를 묻고,

자주 만나지는 못하지만 마음만은 가득 담아

"신상 나왔어!"

장난스럽게 친구에게 건네야겠어요.

Pretty Little Purses & Pouches

부자 되는, 덮개형 장지갑

〰**완성 사이즈** ┃ 가로 21cm, 세로 11cm

〰**재료** ┃ 하늘색 꽃무늬 원단(겉감 위), 살구색 무지 원단(겉감 아래), 하늘색 물결무늬 원단(안감), 흰색 꽃무늬 원단(카드꽂이감), 하늘색 원단(동전 주머니감&옆막음감), 접착심지, 접착솜(1온스), 바이어스 테이프, 지퍼(길이 19cm), 가죽 똑딱 단추(지름 3.5cm), 참 장식, 자수실

1. 겉감과 안감, 접착심지, 접착솜은 169P 도안을 대고 그려주세요.
2. 바이어스 테이프로 마무리하는 지갑이므로, 시접은 편의상 필요한 부분에만 표시했어요.
   별도의 표시가 없는 부분은 그대로 재단해주세요.

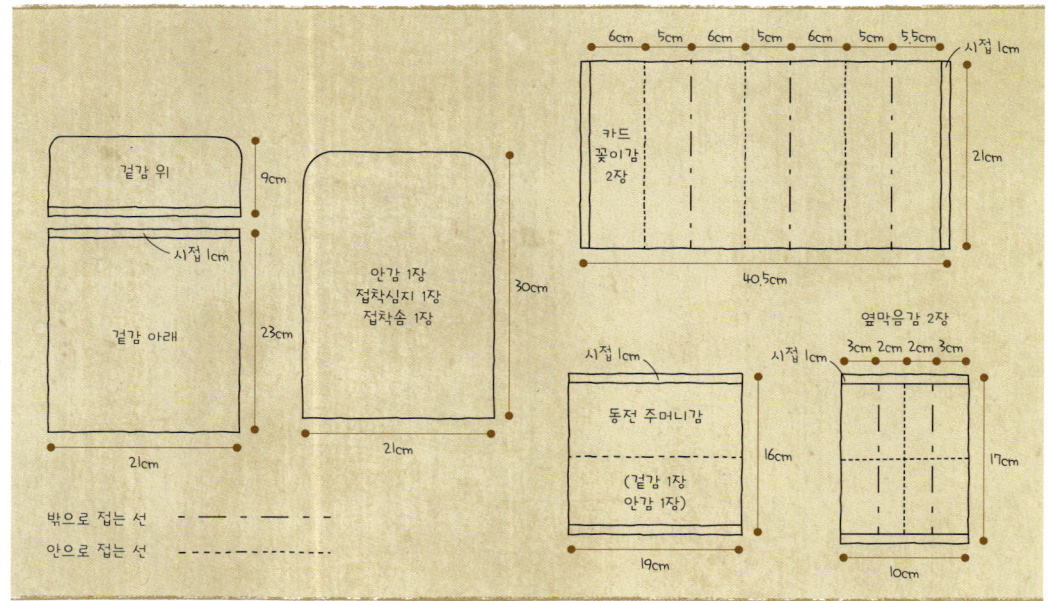

1 겉감 위와 아래 원단을 겉끼리 마주 대고 시접 1cm로 박음질해주세요.

2 시접을 가름솔로 정리하고, 접착심지를 붙여주세요. 그리고 그 위에 접착솜을 붙여줍니다.

스티치는 장식 효과도 있지만 접착솜을 고정하는 역할도 한답니다.

3 뒤집어서 겉감의 이음선 양쪽과 지갑이 접히는 부분에 스티치해주세요.

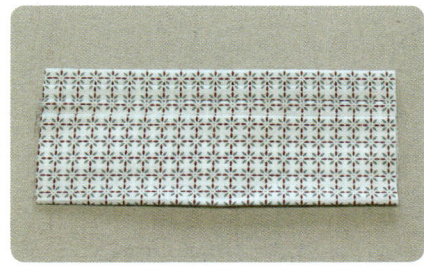

4 카드꽂이감은 재단 그림을 참고해 겉감 쪽에서 안과 밖으로 번갈아가며 접어서 다림질해주세요. 위, 아래 시접은 안쪽으로 접어둡니다. 나머지 한 장도 같은 방법으로 만들어주세요.

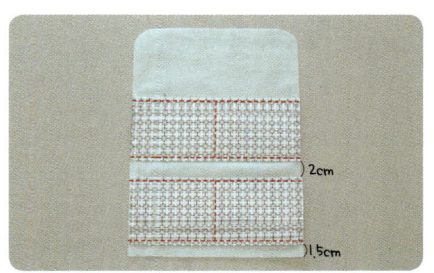

5 안감 위에 카드꽂이를 안끼리 마주 보게 올리고 시침질한 다음, 카드꽂이의 중앙 부분을 홈질해서 칸막이를 나눠주세요. 접어둔 위, 아래 시접도 홈질로 고정합니다.

시침질 대신에 패브릭 풀이나 패브릭 워셔블 테이프를 활용해도 좋아요.

시접을 1cm로 주었기 때문에 지퍼는 가장자리에서 약간 안쪽으로 들어와 놓아주세요. 이때 지퍼 손잡이를 빼거나 한쪽으로 밀어두고 작업하면 바느질하기가 좀 더 쉽답니다.

6 이제 동전 주머니를 만들 거예요. 동전 주머니 안감의 겉면 위에 지퍼의 겉이 보이게 올리고, 그 위에 겉감의 겉면을 마주 보게 합니다. 겉감과 안감, 지퍼를 시침질로 고정하고 시접 1cm로 박음질해주세요.

7 시침질한 실을 제거한 다음, 뒤집어서 다림질해주세요. 원단이 뜨지 않게 가장자리에서 0.2cm 들어와 홈질로 고정해줍니다.

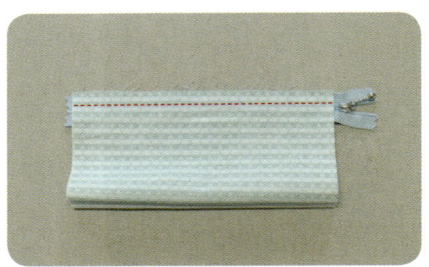

8 맞은편도 같은 방법으로 지퍼를 달아주세요. 겉감과 안감을 접어 올려 그 사이에 지퍼를 끼우고 박아줍니다.

9 겉감이 보이게 뒤집은 다음, 원단이 뜨지 않게 홈질해주세요. 밀어둔 지퍼 손잡이는 중앙으로 보내고 동전 주머니 길이에 맞게 지퍼를 잘라주세요.

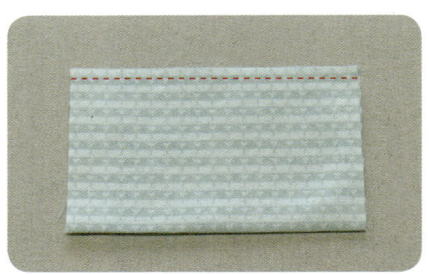

10 동전 주머니를 지갑에 고정해줄 옆막음감은 겉끼리 마주 대고 반으로 접은 다음, 시접 1cm로 박음질해주세요.

11 뒤집어서 다림질한 다음, 재단 그림을 참고해 안과 밖으로 번갈아가며 접어주세요.

12 산처럼 접힌 부분에서 0.2cm 안쪽으로 들어와 홈질로 고정해주세요. 나머지 한 장도 같은 방법으로 만들어줍니다.

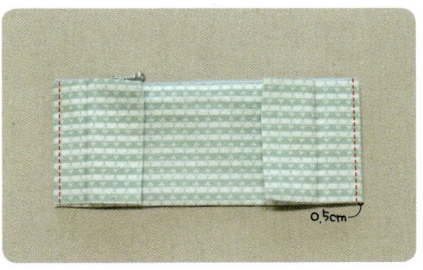

13 동전 주머니를 옆막음감에 끼우고 가장 자리에서 0.5cm 안쪽으로 들어와 홈질 해주세요.

14 안감의 겉면 위에 동전 지갑을 올리고 옆막음감의 양쪽을 0.7cm로 시침질해주세요. 맞은편도 같은 방법으로 시침질해주세요.

15 겉감의 겉면에 바이어스 테이프를 올리고 한쪽 면을 펼쳐서 박음질해줍니다.

16-1 겉감 위에 안감을 올리고 시침질로 고정한 다음, 바이어스 테이프로 감싸서 공그르기해주세요.

16-2 옆막음감도 사진처럼 바이어스 테이프로 감싸서 공그르기해줍니다.

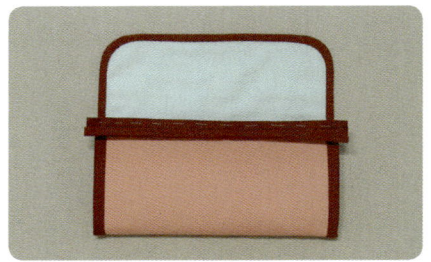

17 지갑의 입구 부분도 같은 방법으로 바이어스 테이프를 달아주세요. 이때 양옆으로 1cm 정도 여유분을 주세요.

18 바이어스 테이프를 안으로 넘겨서 공그르기해주세요. 양 옆으로 남겨둔 여유분도 안쪽으로 접어 넣어 공그르기합니다.

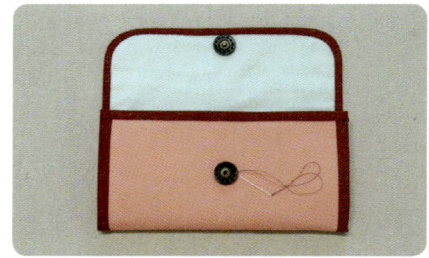

19 덮개 안쪽 윗부분 중앙에 똑딱 단추를 달아주세요. 덮개를 덮어 똑딱 단추가 여며지는 부분을 표시하고 나머지 단추도 달아줍니다.

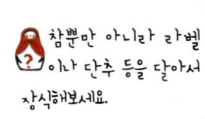 참뿐만 아니라 라벨이나 단추 등을 달아서 장식해보세요.

20 꽃 모양 장식 참을 달아주세요.

카드꽂이 접기

카드꽂이감은 안과 밖으로 번갈아가며 산 모양처럼 접어줍니다. 원단을 길게 재단해 양쪽으로 카드꽂이를 접어주는 방법도 있고,
'부자 되는, 덮개형 장지갑'처럼 카드꽂이를 따로 접어서 달아 주는 방법도 있습니다.
카드꽂이의 높이는 카드의 크기를 고려해 재단해줍니다. 카드가 깊이 들어가는 형태를 원한다면 접는 폭을 좀 더 넓게, 꺼내기 쉬
운 형태를 원한다면 접는 폭을 좁게 만들어줍니다.

여러 장도 거뜬히

카드 지갑

바느질을 하다 보니 짐이 점점 늘어납니다.

처음에는 예쁜 원단들을 사 모으기 시작했는데,

원단만 있다고 마음에 드는 아이템을 만들 수 있나요.

접착솜, 접착심지, 단추, 라벨, 레이스 그리고 각종 소잉 도구들까지.

어느새 수납공간을 꽉 채우고도 남을 만큼의 부자재들이 집안을 차지하게 됐어요.

그런데 참 이상한 건 이렇게 부자재가 많아도

필요한 재료를 찾으면 없다는 거예요.

카드 지갑을 완성하고 마지막으로 단추를 달아주려는데,

어쩜 딱 원하는 크기의 단추만 없는지…….

손톱만 한 단추 몇 개를 구입하러 시장에 들렀습니다.

번거로우니까 한꺼번에 다양한 종류의 부자재를 많이 사두면 되지 않겠느냐고요?

언젠가 쓰겠지 싶어서 많이 구입해둔 부자재는 자리 차지만 하게 된다는 것.

그래서 수시로 원단과 부자재 시장에 들릅니다.

'아무' 단추가 아니라 '마음에 쏙 드는' 단추 하나를 찾아서!

Pretty Little Purses & Pouches

 여러 장도 거뜬히 **카드 지갑**

🌊 **완성 사이즈** ┃ 가로 8cm, 세로 10.5cm(카드 지갑 속지 크기는 가로 7.5cm, 세로 10cm)

🌊 **재료** ┃ 검은색 줄무늬 원단(겉감A&날개감&여밈용 끈), 나뭇가지무늬 원단(겉감B), 노란색 줄무늬 원단(안 감), 접착심지, 싸개 단추, 카드 지갑 속지, 자수실

1. 재단 그림을 참고해 원단 뒷면에 완성선을 그려주세요.
2. 겉감과 안감, 날개감은 시접 1cm를 주고 재단합니다. 접착심지는 시접을 따로 주지 않아요.
3. 카드 지갑은 속지에 씌우는 형태이므로 약간의 여유분을 더해 재단하세요.
   속지에 따라 지갑의 크기도 조절하세요.

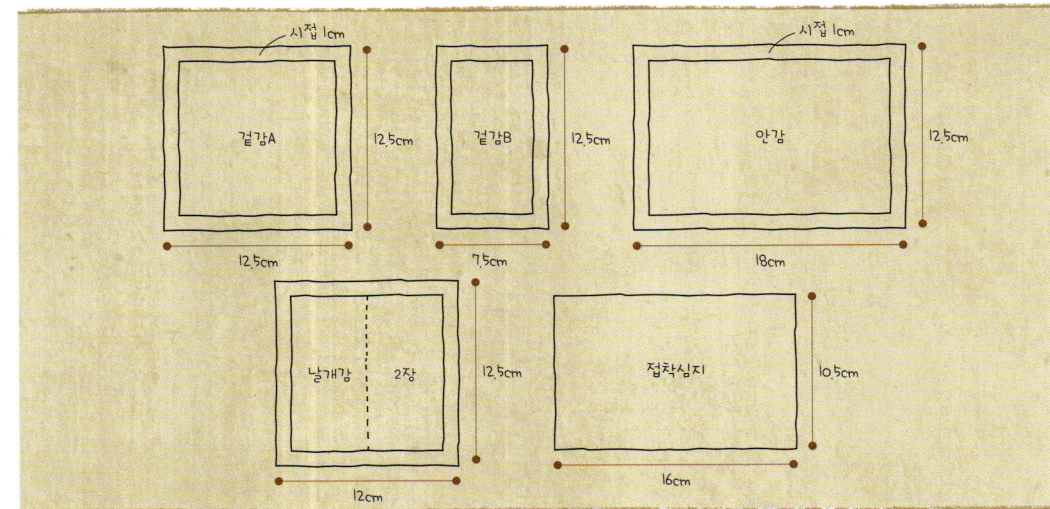

1 겉감 A와 B 원단을 겉끼리 마주 대고 시접 1cm로 박음질 해주세요.

2 시접을 겉감A 쪽으로 접어준 다음, 원단 뒷면에 접착 심지를 붙여주세요.

시접은 가름솔로 정리해도 되는데, 흰색 원단이라 비칠 수 있어 한쪽으로 넘겨주었어요.

3 뒤집어서 이음선을 따라 스티치해주세요. 스티치는 장식 효과도 있지만 접착심지를 고정시키는 역할도 한답니다.

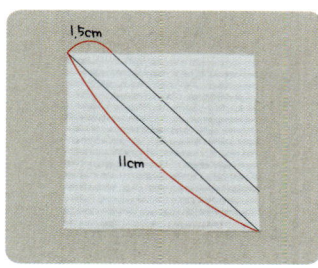

4 이제 카드 지갑을 여밀 끈을 만들 거예요. 원단 뒷면에 폭 1.5cm로 사선을 긋고, 잘라주세요. 여밈용 끈의 길이는 약 11cm로 만들어주세요.

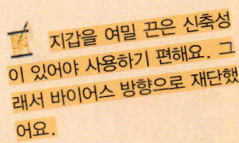

지갑을 여밀 끈은 신축성이 있어야 사용하기 편해요. 그래서 바이어스 방향으로 재단했어요.

5 자른 원단을 길게 반으로 접은 다음 위, 아래를 반으로 접어주세요.

6 다시 길게 반으로 접어 다림질하고, 가장자리를 감침질이나 공그르기로 마무리해주세요.

7 이렇게 만들어준 끈을 겉감 위에 올리고 홈질로 고정해주세요.

8 카드 지갑 안쪽으로 접혀 들어가는 날개 부분은 2장 모두 안끼리 마주 대고 반으로 접어주세요.

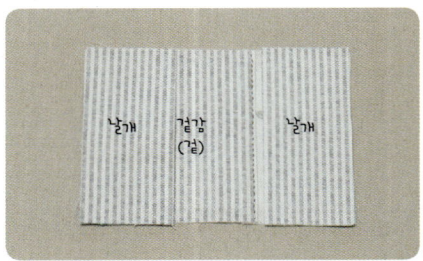

9 겉감의 겉면 위에 접어둔 날개를 올립니다. 이때 시접이 바깥쪽을 향하게 두세요.

10 그 위에 안감의 겉이 마주 보게 한 다음, 아래쪽에 창구멍 5cm를 남기고 완성선을 따라 박음질해주세요.

11 네 모서리의 시접을 사선으로 잘라주세요.

이 부분은 시접이 여러 겹이라 뒤집었을 때 두꺼워질 수 있어요. 그래서 겹치는 부분의 시접을 잘라주는데, 이때 박음질한 부분까지 자르지 않게 조심하세요.

12 창구멍으로 뒤집어주세요. 모서리 부분에 엄지손가락을 넣어 검지와 맞잡고 모서리 끝부터 뒤집은 다음, 송곳으로 모양을 잡아줍니다.

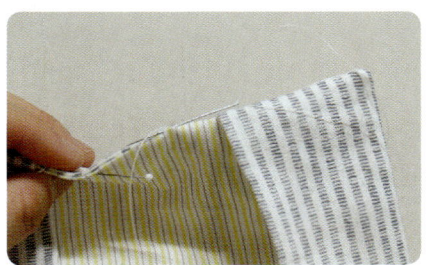

13 공그르기로 창구멍을 막아주세요.

14 겉감에 단추를 달아주세요.

15 카드 속지를 끼워주세요.

완성

Tip

여밈용 끈 만들기

카드를 여러 장 끼우면 지갑이 두툼해지므로 여미는 끈의 길이는 여유 있게 만들어주세요. 천으로 끈을 만드는 게 번거롭다면
스트링이나 고무줄을 활용해보세요.

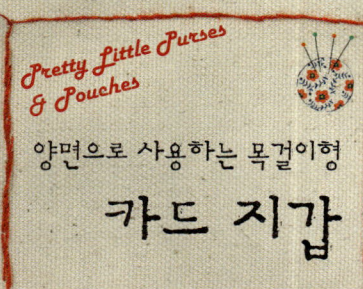

Pretty Little Purses & Pouches

양면으로 사용하는 목걸이형

카드 지갑

원단을 구입할 때 똑같은 무늬라도 색깔 때문에 고민할 때가 있어요.

빨간색도 예쁘고, 노란색도 예쁘고, 파란색도 예뻐서

그중에서 딱 하나만 선택하기 어려울 때

무늬는 같지만, 색깔이 다른 원단을 앞뒤로 배치해 보면 어떨까요?

한쪽은 노란색, 반대쪽은 흰색 바탕에 무늬가 있는 원단으로 만들어 본 카드 지갑이에요.

원단 배경색에 따라 같은 무늬라도 사뭇 다른 느낌이 들지요.

아예 다른 무늬의 원단을 앞뒤로 배치해 보는 것도 좋을 것 같아요.

그날의 느낌에 따라 앞뒤로 멜 수 있는 양면 카드 지갑으로

목걸이처럼 멜 수 있어서 더욱 편리하답니다.

Pretty Little Purses & Pouches

 양면으로 사용하는 목걸이형 **카드 지갑**

 **준비하기**

〰️**완성 사이즈** ┃ 가로 6.5cm, 세로 10.5cm

〰️**재료** ┃ 빨간색 무지 원단(몸판), 노란색 바탕 꽃무늬 원단(앞주머니감), 흰색 바탕 꽃무늬 원단(뒷주머니감), 접착심지,
아일렛 2호&도구, 끈(길이 120cm), 연결 고리, 자수실

 **재단하기**

1. 재단 그림을 참고해 원단 뒷면에 완성선을 그려주세요. 주머니감은 좌,우 대칭으로 그려줍니다.

2. 몸판과 주머니감은 시접 1cm를 주고 재단합니다. 접착심지는 시접을 따로 주지 않아요.

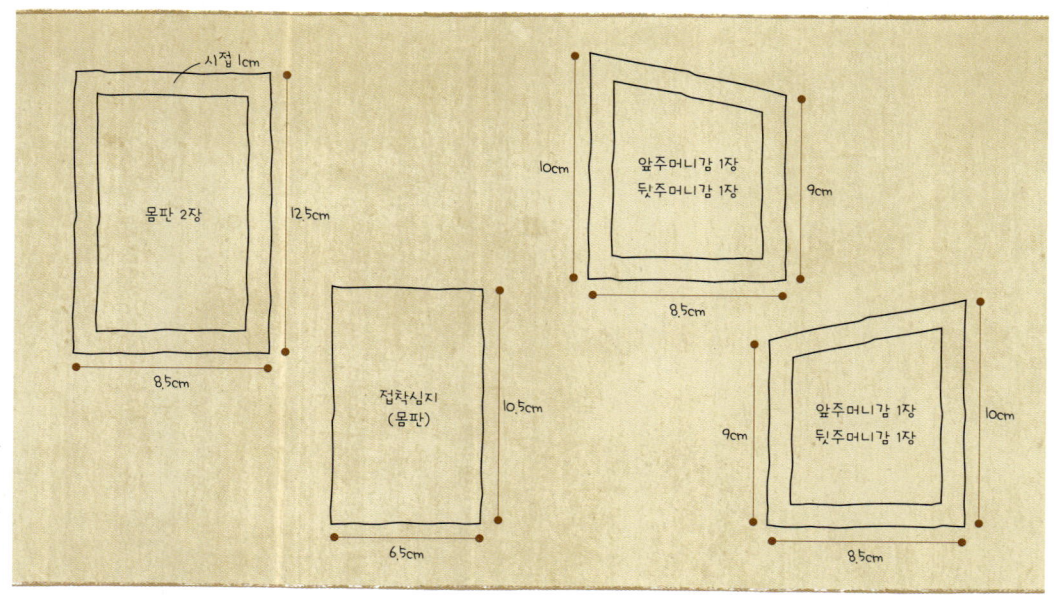

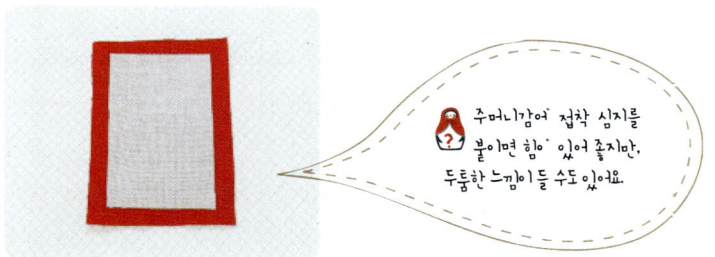

주머니감에 접착 심지를 붙이면 힘이 있어 좋지만, 두툼한 느낌이 들 수도 있어요.

1 먼저 접착심지를 붙일 거예요. 몸판 뒷면에 접착심지를 올리고 원단의 겉쪽에서 다림질합니다.

2 앞주머니감 2장을 겉끼리 마주 대고 윗부분을 시접 1cm로 박음질해주세요.

3 겉쪽으로 뒤집어서 이음선 부분을 접은 다음, 가장자리에서 0.2cm 안쪽으로 들어와 스티치해주세요.

4 뒷주머니드 같은 방법으로 만들어주세요.

5 몸판 겉면에 앞주머니와 뒷주머니를 사진과 같은 형태로 교차시켜서 올려주세요.

6 그 위에 또 다른 몸판 원단을 겉끼리 마주 대고 올린 다음, 완성선을 따라 박음질해줍니다. 이때 위쪽에 창구멍을 남겨 두세요.

7 뒤집었을 때 시접이 겹쳐서 두꺼워지지 않게 모서리의 시접을 사선으로 잘라주세요.

앞주머니와 뒷주머니 사이로 손을 넣어 뒤집어주세요. 앞주머니와 몸판 사이에 손을 넣어 뒤집으면 앞면에 주머니가 2개 달린 카드 지갑이 만들어집니다.

8 창구멍으로 뒤집어주세요.

9 공그르기로 창구멍을 막아 주세요.

10 끈을 끼울 수 있도록 윗부분에 아일렛을 박아줍니다.

아일렛 사용 방법은 79P를 참고하세요.

카드 지갑을 뒤집어 멨을 때 아일렛을 박은 부분이 거슬리거나, 아일렛과 연결 고리가 없다면 '여행 가고 싶은 날엔 카메라 파우치(130P)' 만드는 방법을 참고해 윗부분 중앙에 D링을 끼운 다음, 끈을 달아보세요.

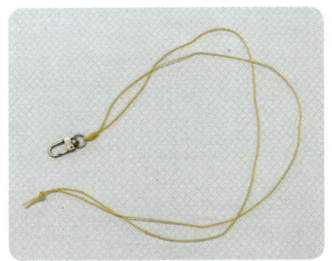

11 연결 고리에 끈을 끼우고, 끝부분을 묶어주세요.

연결 고리에 끈을 다는 방법은 79P를 참고하세요.

완성

연결 고리를 아일렛에 끼워주면 완성.

아일렛 박기

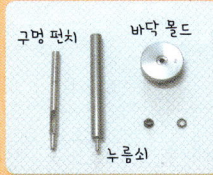

구멍 펀치   바닥 몰드

누름쇠

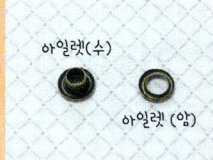

아일렛(수)

아일렛(암)

재료 | 구멍 펀치, 누름쇠, 바닥 몰드, 아일렛(수), 아일렛(암)

겉

안

1. 아일렛을 달아줄 부분을 수성펜으로 표시하고, 망치로 펀치를 두들겨 구멍을 뚫어줍니다.
2. 아일렛(수)을 원단의 겉쪽에서 끼워주세요.
3. 지갑을 뒤집은 다음 그 위에 아일렛(암)을 놓아주세요.
4. 누름쇠를 올리고 망치로 박아주세요.

스트랩 달기

1. 연결 고리에 끈을 끼워주세요. 이때 한쪽 끈은 5cm 정도 길게 잡아줍니다.
2. 긴 쪽 끈을 잡고 짧은 쪽 끈에 4~6회 돌돌 감아서 말아주세요.
3. 돌돌 만 끈 사이로 긴 끈의 끝을 넣어주세요.
4. 목에 걸 수 있게 끈 끝부분을 매듭지어줍니다.

Pretty Little Purses & Pouches

나만의 색깔을 담은
명함 지갑

명함이 필요한 때가 더러 있어서 고심 끝에 직접 만들었어요.

한지 위에 손 글씨로 상호와 연락처를

한 글자, 한 글자 써서 완성한 명함이에요.

쓰는 데 시간이 걸리기 때문에 많이 만들 수도 없고

공들인 느낌이 나서 그런지 받는 분들도 함부로 버리지 못하는 수제 명함이지요.

언젠가 이 명함을 건넸더니 받으시는 분이

바느질도, 글씨도, 명함도 딱 저 같다는 말씀을 하셨어요.

'나 같다는 말'에 괜스레 기분이 좋아졌지요.

명함을 담아둘 명함 지갑도 '나 같은' 느낌으로 만들어봤어요.

재봉틀, 손바느질, 상호인 '달정류장' 그리고 작은 단추.

지금 하고 있는 일을 잘 드러낼 수 있는 모티브들을 작은 지갑 안에 옮겨봤습니다.

이렇게 '나'를 담아서 세상에 하나뿐인 명함 지갑을 만들어보세요.

Pretty Little Purses & Pouches

나만의 색깔을 담은 **명함 지갑**

준비하기

〰️**완성 사이즈** | 가로 10.5cm, 세로 7cm

〰️**재료** | 크라프트지 색상의 무지 원단(겉감), 노란색 핀무늬 원단(안감), 접착솜(2온스), 패브릭 전사 스티커,
    달 모양 참 장식, 자석 단추(지름 1cm), 자수실

재단하기

1. 원단 뒷면에 170P 도안을 대고 완성선을 그려주세요.

2. 겉감과 안감은 시접 1cm를 주고 재단합니다. 접착솜은 시접을 따로 주지 않아요.

3. 이렇게 바닥면까지 한 번에 재단할 때는 바닥면이 접히면서 뒷면의 무늬가 거꾸로 보이기 때문에
    무지 원단이나 위, 아래가 구분되지 않는 무늬의 원단을 사용하는 게 좋아요.

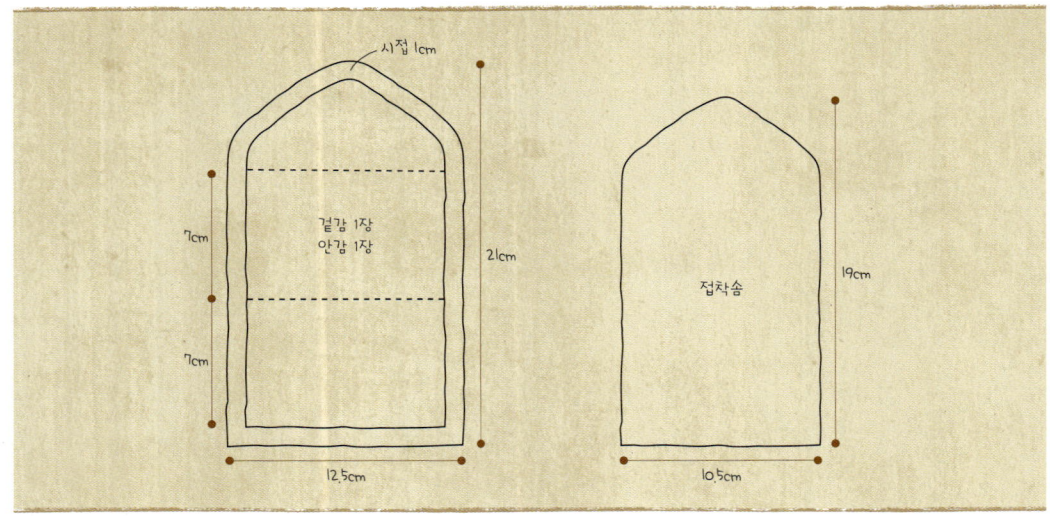

1 겉감 뒷면에 접착솜을 붙여주세요. 좀 더 빳빳한 느낌으로 만들고 싶다면 접착솜 대신 접착심지를 붙여줍니다.

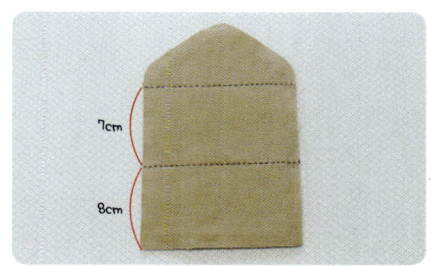

2 뒤집어서 접히는 선을 표시하고 스티치 해주세요. 이렇게 스티치를 해주면 완성했을 때 명함 지갑이 잘 접힌답니다.

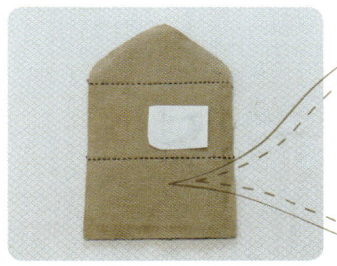

패브릭 전사 스티커나 스탬프 등을 활용해 다양하게 꾸며 보세요. 심플하게 만들고 싶을 때는 3~5번 과정은 생략하고 6번으로 넘어갑니다.

3 적당한 위치에 패브릭 전사 스티커를 붙일 거예요. 패브릭 전사 스티커는 약간의 여유분을 두고 자른 다음, 겉감 위에 뒤집어서 올려주세요.

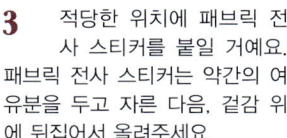

4 그 위에 얇은 천을 덮고 다리미 온도를 면직물에 맞춰서 30초 정도 열을 가해줍니다. 열이 완전히 식은 후에 패브릭 전사 스티커를 천천히 떼어주세요. 열기가 남아 있을 때 떼면 잘 붙지 않을 수 있어요.

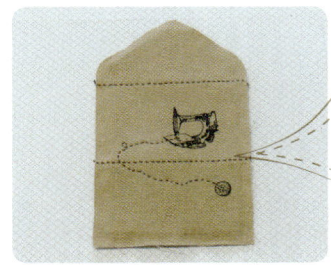

스티치를 생략한다면 패브릭 전사 스티커는 완성한 후에 붙여도 돼요.

5 패브릭 전사 스티커의 모양을 따라 스티치로 꾸며주세요.

6 겉감과 안감을 겉끼리 마주 대고, 입구가 될 부분을 시접 1cm로 박음질해주세요. 이때 창구멍 6cm를 남겨둡니다.

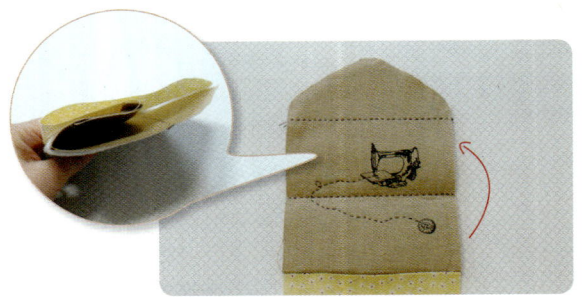

7 스티치한 선을 따라 접어주세요.

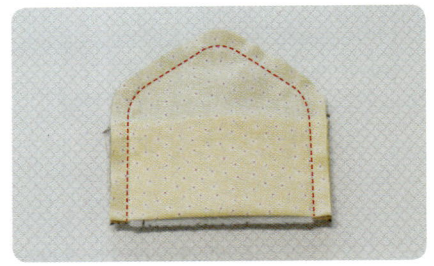

8 완성선을 따라 둘레를 박음질해주세요.

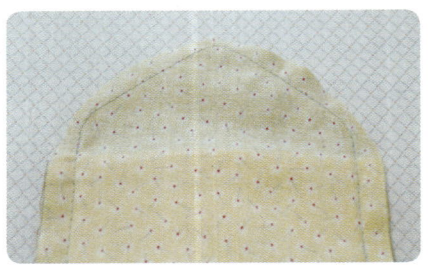

9 뒤집었을 때 시접이 두껍게 겹치지 않도
록 덮개 부분의 시접을 약간만 남기고
자르거나, 가위집을 넣어줍니다.

10 창구멍으로 뒤집어주세요.

11 공그르기로 창구멍을 막아
주세요.

패브릭 스티커를 먼저
붙였기 때문에 얇은 천
을 덮고 다림질해주세요.

12 다림질해서 모양을 잡아준 다음, 덮개와
입구 부분을 가장자리에서 0.2cm 안쪽
으로 들어와 스티치해주세요.

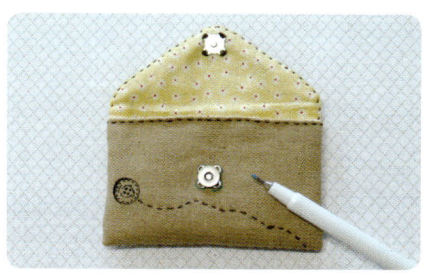

13 덮개 안쪽 윗부분 중앙에 자석 단추를 달아줄 자리를 표시하고 단추를 달아줍니다. 덮개를 덮어 자석 단추가 여며지는 부분도 표시해주세요.

14 나머지 단추를 달아주세요.

15 두꺼운 실을 꿰어 두세 번 오가며 달 모양 참 장식을 달아주세요.

완성

꽃비 내리는 날에,
키홀더 지갑

봄바람이 부는 날, 작은 화분들을 집안에 들였습니다.

애기별꽃, 종이꽃, 천리향……

"작고 아기자기한 꽃들을 좋아하나 보-요?"

꽃집 아주머니 말씀이 생각나 빙그레~.

틈틈이 사둔 화분에 꽃들을 옮겨 심고

길거리에서 저렴하게 구입한 작은 접시들로 화분 받침을 만들어주었어요.

모양도, 색깔도 제각각이지만 나름의 개성이 있는 봄 화단.

들뜬 봄날의 마음을 담아 꽃비 내리는 원단으로 만든 키홀더 지갑이에요.

카드 한두 장을 수납할 수 있도록 안쪽에 주머니도 달아주었고요.

날마다 봄날이기를!

Pretty Little Purses & Pouches

 꽃비 내리는 날에, **키홀더 지갑**

 준비하기

〰〰 **완성 사이즈** | 가로 7cm, 세로 11cm

〰〰 **재료** | 빗방울무늬 원단(겉감 위), 주황색 무지 원단(겉감 아래), 노란색 꽃무늬 원단(날개감), 주황색 동그라미무늬 원단(안감), 접착솜(4온스), 레이스, 자석 단추(지름 1cm), 4구형 키홀더, 자수실

 재단하기

1. 재단 그림을 참고해 원단 뒷면에 완성선을 그려주세요.

2. 겉감과 안감은 시접 1cm를 주고 재단합니다. 접착솜과 접착심지는 시접을 따로 주지 않아요.

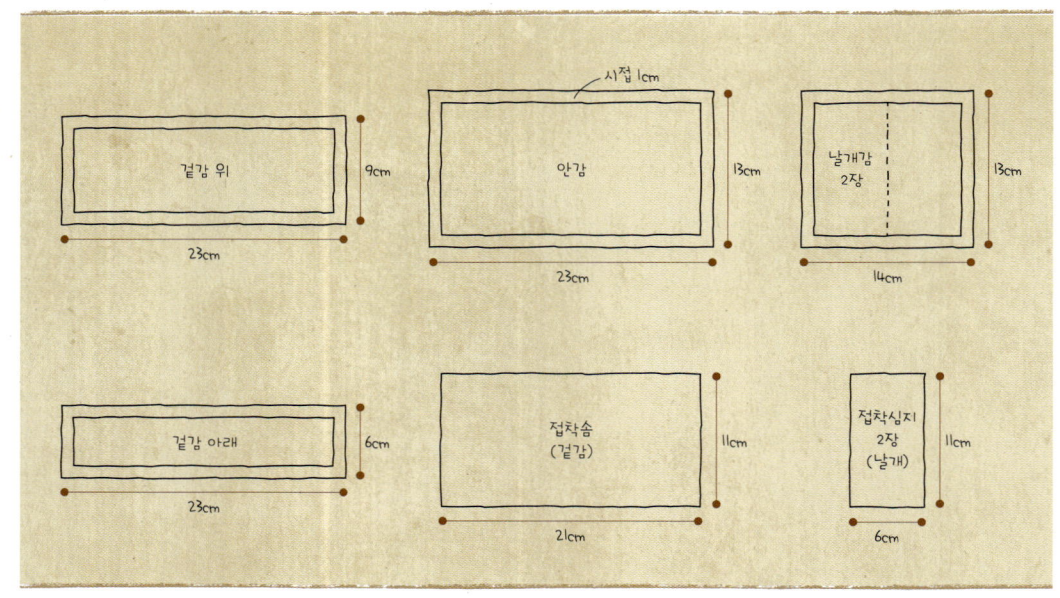

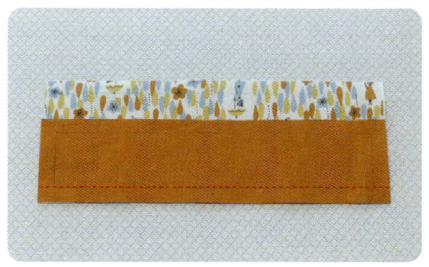

1 겉감 위와 아래 원단을 겉끼리 마주 대고
시접 1cm로 박음질해주세요.

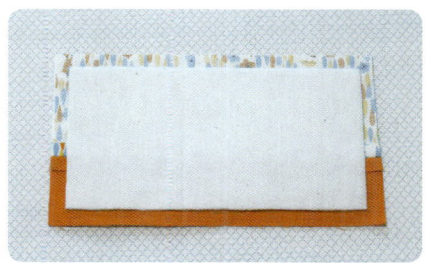

2 시접을 가름솔로 정리한 다음, 원단 뒷
면에 접착솜을 붙여주세요. 접착솜을
완성선에 맞춰 놓고, 뒤집어서 원단의 겉쪽에
서 다림질해줍니다.

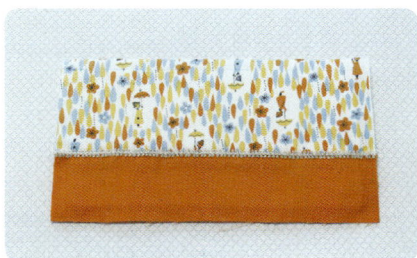

3 뒤집어서 이음선 부분에 홈질로 레이스
를 달아주세요.

4 키홀더 지갑 안쪽으로 접혀 들어가는
날개용 원단에 접착심지를 붙여주세요.
나머지 한 장도 같은 방법으로 준비해둡니다.

5 접착심지를 붙인 날개용 원단을 안끼리
마주 대고 반으로 접은 다음, 겉감 위에
올려주세요. 이때 시접이 바깥쪽을 향하게 둡
니다.

6 그 위에 안감의 겉이 마주 보게 올린 다
음, 아래쪽에 창구멍 5cm를 남기고 완
성선을 따라 박음질해줍니다.

창구멍

7 뒤집었을 때 시접이 겹쳐서 두꺼워지지 않게 모서리의 시접을 사선으로 잘라줍니다.

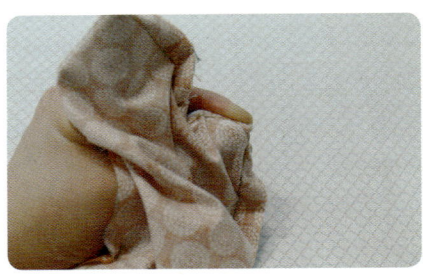

8 창구멍으로 뒤집어주세요. 모서리 부분에 엄지손가락을 넣어 검지와 맞잡고 모서리 끝부터 뒤집은 다음, 송곳으로 모양을 잡아줍니다.

9 공그르기로 창구멍을 막아주세요.

10 가장자리를 빙 둘러서 스티치해주세요.

11 안쪽 면 위쪽 중앙에 키홀더를 놓고, 수성펜으로 키홀더를 달아줄 구멍을 표시해줍니다.

12 송곳이나 펀치로 표시한 부분에 구멍을 뚫어준 다음, 양면 징(수)을 끼워주세요.

13 그 위에 키홀더를 놓고, 양면 징(암)을
올려주세요. 누름쇠를 올리고 망치로
두들겨 양면 징을 박아줍니다.

14 지갑 안쪽에 자석 단추 달아줄 자리를
표시하고 단추를 달아주세요.

15 덮개를 덮어 자석 단추가 여며지는 부분
을 표시하고 나머지 단추도 달아줍니다.

완성

Pretty Little Pouches

싱그러운 풀꽃 자수 스트링 파우치

쉽고 간단하게 만드는 다용도 납작 파우치

비비드한 느낌의 화장품 파우치 (덮개형)

때로는 심플하게 화장품 파우치 (지퍼형)

이중 지퍼 우먼 파우치

수납도 사용도 편리한 휴대전화 파우치

여행가고 싶은 날엔 카메라 파우치

빗방울 똑똑 펜슬 파우치

언제 어디서든 휴대용 바느질 주머니

한여름의 필수품, 보냉 물병 주머니

작은 봉투 모양 도시락 주머니

Part. 2 핸드메이드 파우치

Pretty Little Purses
& Pouches

싱그러운 풀꽃 자수
스트링 파우치

디자인이 돋보이는 천도 좋아하지만,

별다른 무늬 없는 무지 원단도 좋아해서 색깔 별로 갖춰두고 있어요.

무지 원단을 아무것도 칠해지지 않은 캔버스 삼아

마음껏 밑그림을 그리고 구성해보는 재미가 있거든요.

자투리 천들을 조합해 보기도 하고, 레이스나 단추를 달아보기도 하고,

때로는 스탬프도 쾅쾅 찍어 보면서 빈 공간에 다양한 색깔을 입혀봅니다.

이번에는 흰색 무지 원단으로 다용도 스트링 파우치를 만들면서

빈 공간에 수를 놓아봤어요. 정교한 느낌의 자수라기보다는

마음속에 풀꽃 이미지를 색색의 꽃망울로 표현했죠.

이렇게 손맛이 더해지면 좀 더 '느낌 있는' 소품을 만들 수 있어서

서툰 자수 솜씨지만 한 땀 한 땀, 마음속 풍경을 옮겨 봅니다.

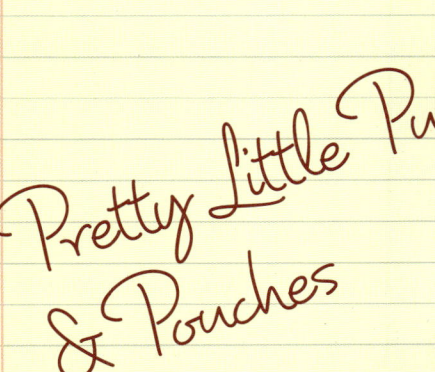

Pretty Little Purses & Pouches

싱그러운 풀꽃 자수 **스트링 파우치**

〰〰 **완성 사이즈** ┃ 가로 18cm, 세로 20cm

〰〰 **재료** ┃ 흰색 무지 원단(겉감), 나뭇잎무늬 원단(안감), 스트링, 수틀, 자수실

1. 재단 그림을 참고해 원단 뒷면에 완성선을 그려주세요. 안감은 겉감보다 세로 길이가 6cm 크게 그립니다.

2. 겉감은 위, 아래에는 시접을 주지 않고, 양 옆에만 1cm씩 시접을 줍니다.

3. 스트링은 60cm로 2개 잘라주세요.(끈 길이는 취향에 따라 조정합니다.)

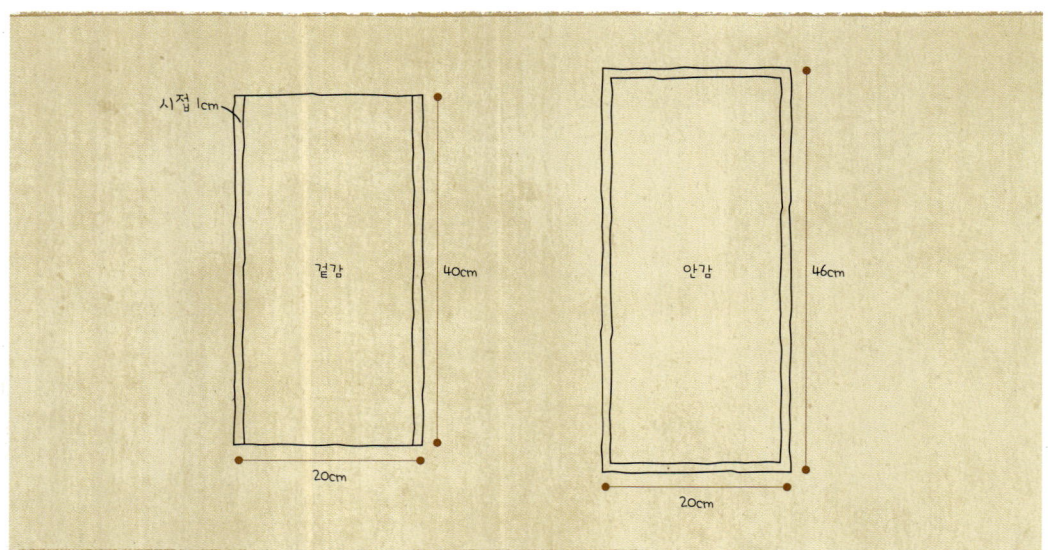

1 겉감을 겉끼리 마주 대고 반으로 접어
주세요. 원단을 펼친 다음, 중앙 부분에
풀꽃을 수놓습니다. 수놓는 방법은 99P를 참
고하세요.

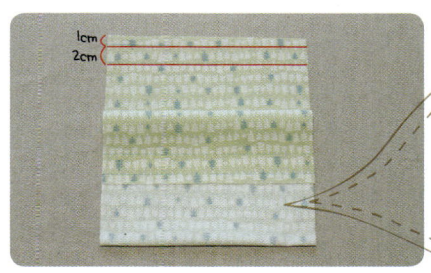

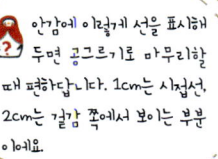

안감에 이렇게 선을 표시해
두면 공그르기로 마무리할
때 편하답니다. 1cm는 시접선,
2cm는 겉감 쪽에서 보이는 부분
이에요.

2 안감은 겉면의 위, 아래에 선을 그어줄
거예요. 위와 아래에 1cm 선을 그리고
다시 2cm 선을 그어준 다음, 겉끼리 마주 대
그 반으로 접어주세요.

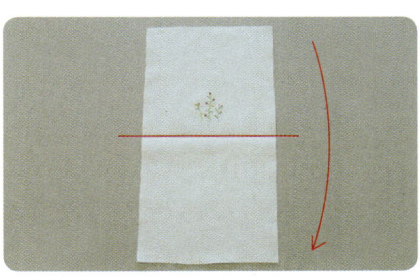

3 수를 놓은 겉감도 겉끼리 마주 대고 반
으로 접어줍니다.

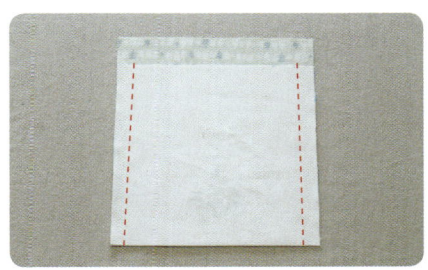

4 안감 위에 겉감을 올리고 양쪽 가장자
리를 시접 1cm로 박음질해주세요.

5 안감의 한쪽 면에만 가위집을 주세요.
이렇게 가위집을 주면 좀 더 편하게 뒤
집을 수 있어요.

6 겉감 윗부분에 손을 넣어 뒤집어주세요.

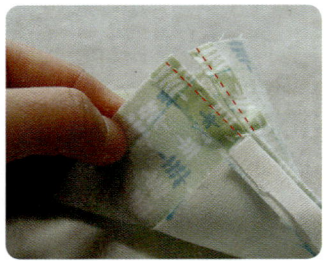

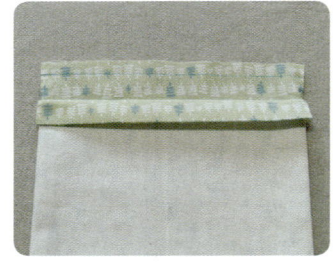

7 안감의 양쪽 가장자리 부분을 가름솔로 정리하고 홈질로 고정해주세요.

8 안감에 미리 그려둔 선을 따라서 접어주세요. 1cm 접고, 다시 2cm를 접어서 겉감의 윗부분을 덮습니다.

9 접은 선에서 안쪽으로 0.2cm 들어와 홈질해주세요.

10 윗부분도 가장자리에서 안쪽으로 0.2cm 들어와 홈질해줍니다.

11 양쪽에 스트링을 끼우고, 스트링의 끝 부분은 매듭지어 묶어주세요.

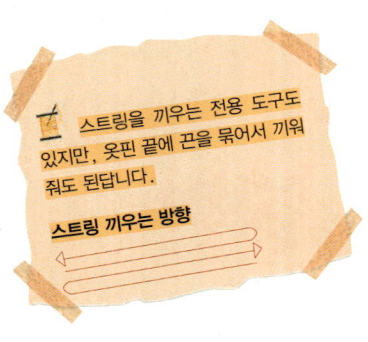

스트링을 끼우는 전용 도구도 있지만, 옷핀 끝에 끈을 묶어서 끼워 줘도 된답니다.

스트링 끼우는 방향

완성

풀꽃 수놓기

줄기는 초록색 계열의 자수실을, 꽃망울은 붉은색과 노란색
계통의 자수실을 사용했어요. 실은 취향에 맞게 선택하고,
다양한 자수 방법을 활용해보세요. 수틀을 끼우고 작업하면
좀 더 예쁘게 수를 놓을 수 있어요.

1. 먹지를 대고 171P 자수 도안을 흰색 무지 원단에 옮겨 그리거나, 원하는 이미지를 수성펜으로 원단에 바로 그려줍니다.
2. 줄기 부분은 아우트라인 스티치를 해주세요.
3. 꽃송이 부분은 프렌치 노트 스티치로 표현해줍니다.

아우트라인 스티치

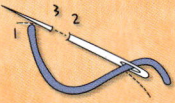
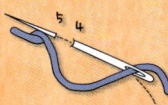

도안의 가장자리나 선을 표현하는데 주로 쓰이는 자수 기법이에요. 왼쪽에서 오른쪽으로 바늘을 움직여 바늘땀이 겹치도록
수놓아줍니다.

프렌치 노트 스티치

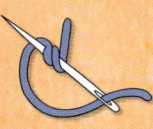

작은 면을 채우거나 꽃봉오리, 씨앗, 꽃의 수술 등을 표현할 때 주로 쓰이는 자수 기법이에요. 바늘에 실을 감아서 매듭을
지어주는데, 매듭의 크기는 실의 가닥수와 감는 횟수에 따라 달라진답니다.

Pretty Little Purses & Pouches

쉽고 간단하게 만드는
다용도 납작 파우치

바느질을 처음 시작할 때는 원단의 패턴을 그대로 살려 작업하곤 했는데

요즘에는 다양한 방법들을 시도하고 있어요.

패브릭 펜으로 캘리그래피를 쓰기도 하고, 그림을 넣기도 하고, 원단에 색칠도 해요.

식서를 그대로 살리거나 가장자리에 올을 풀 대도 있고,

살짝 그을리면 어떨까 고심해 보기도 하지요.

이번에도 청바지에 구멍을 내듯 원단을 살살 긁어서

빈티지한 느낌을 좀 더 살려보면 어떨까,

붓으로 거칠게 물감을 칠해볼까, 이런저런 궁리를 하다

금속과 가죽 재질의 라벨을 달아주는 것으로 마무리했어요.

때로는 실패하기도 하지만, 머릿속으로 이런저런 구상을 하며 시도해볼 때의 즐거움.

이것도 바느질의 묘미겠지요?

Pretty Little Purses & Pouches

 쉽고 간단하게 만드는 **다용도 납작 파우치**

 **준비하기**

〰 **완성 사이즈 |** 가로 17cm, 세로 17cm

〰 **재료 |** 별 무늬 원단(겉감), 와인색 무지 원단(안감), 지퍼(길이 18cm)

 **재단하기**

1. 재단 그림을 참고해 원단 뒷면에 완성선을 그려주세요.

2. 겉감과 안감은 시접 1cm를 주고 재단합니다.

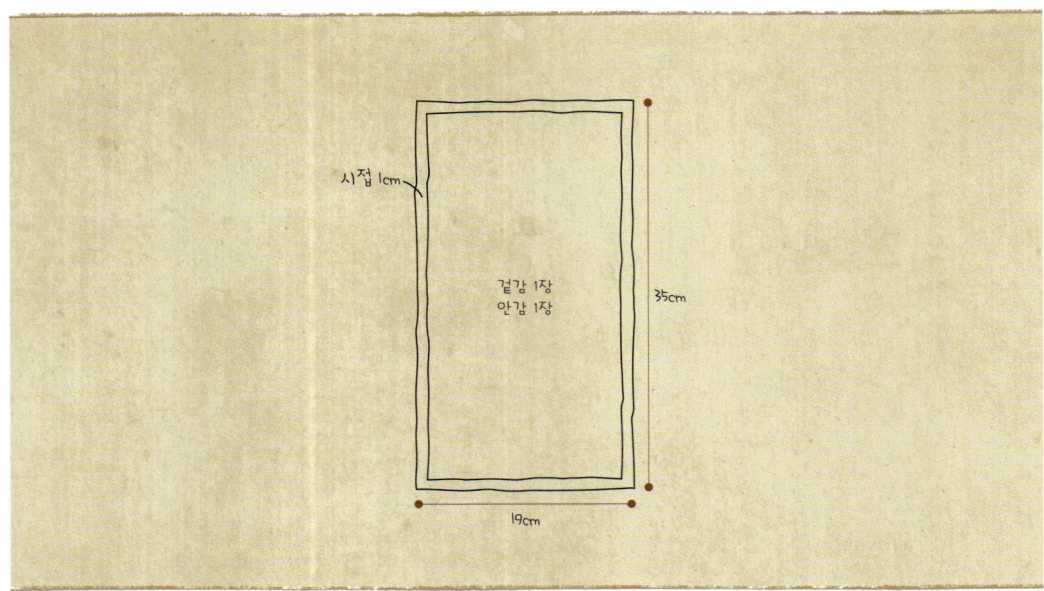

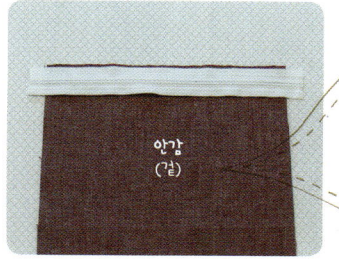

안감
(겉)

겉감
(안)

시접을 1cm로 주었기 때문에 지퍼는 가장 자리에서 약간 안쪽으로 들어와 놓아주세요.

1 안감의 겉면 위에 지퍼의 겉이 보이게 올려주세요. 이때 지퍼 손잡이를 빼거나 한쪽으로 밀어두고 작업하면 바느질하기가 좀 더 쉽답니다.

2 그 위에 겉감의 겉면을 마주 보게 합니다. 안감과 겉감의 겉끼리 마주 대고 사이에 지퍼를 끼워 넣는 방식이에요.

시침질 대신에 패브릭 풀이나 패브릭 워셔블 테이프를 활용하면 좀 더 간편하게 지퍼를 달 수 있어요.

3 겉감과 안감, 지퍼를 시침질로 고정하고 시접 1cm로 박음질해주세요.

4 시침질한 실을 제거한 다음, 뒤집어서 다림질해줍니다. 원단이 뜨지 않게 홈질로 고정해주세요.

5 맞은편도 같은 방법으로 지퍼를 달아줄 거예요. 안감의 겉면 위에 지퍼의 겉이 보이게 올리고, 그 위에 겉감의 겉면을 마주 보게 합니다.

6 시침질로 고정한 다음, 시접 1cm로 박음질해주세요.

7 시침질한 실은 제거하고, 뒤집어서 다림질해주세요. 원단이 뜨지 않게 홈질로 고정해줍니다.

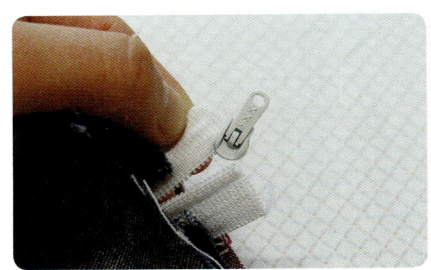

8 이제 미리 빼둔 지퍼 손잡이를 달아줄 거예요. 지퍼 끝부분을 벌리고 지퍼 손잡이를 끼워서 중앙으로 밀어줍니다.

9 겉감과 안감 사이에 손을 넣어서 겉감과 겉감, 안감과 안감이 마주 보게 합니다.

10 겉감의 지퍼 윗부분을 4cm 접어주고, 안감도 겉감에 맞춰 접어주세요.

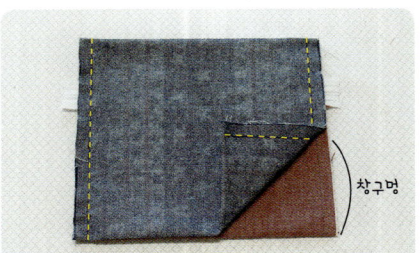

11 옆선을 시접 1cm로 박음질해주세요. 이때 한쪽은 끝까지 박고, 다른 쪽은 안감에 10cm로 창구멍을 남기고 겉감만 바느질해줍니다.

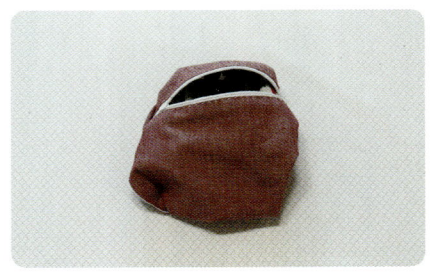

12 지퍼를 파우치 길이에 맞게 자르고, 창구멍으로 뒤집어주세요.

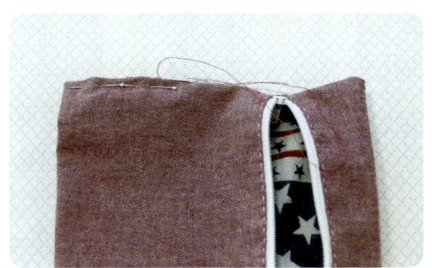

13 공그르기로 창구멍을 막아주세요.

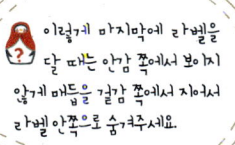
이렇게 마지막에 라벨을 달 때는 안감 쪽에서 보이지 않게 매듭을 겉감 쪽에서 지어서 라벨안쪽으로 숨겨주세요.

14 지퍼를 열고 겉감이 보이게 뒤집어서 라벨을 달아줍니다. 겉감에 라벨을 먼저 달아주고 지퍼를 연결해도 되지만, 여기서는 파우치 형태를 만든 뒤에 달아주었어요.

완성

지퍼 손잡이 끼우기

지퍼는 종류가 다양한데, 저는 필요한 만큼 잘라 쓸 수 있는 롤 형태의 지퍼를 즐겨 씁니다. 지퍼에 지퍼 손잡이를 끼울 때는 지퍼 끝을 벌려 지퍼 머리에 한쪽씩 넣은 다음, 뒷부분을 밀어줍니다. 이때 지퍼 양쪽을 접어주거나 대각선으로 잘라주면 좀 더 쉽게 지퍼 손잡이를 넣을 수 있어요. 처음에는 어렵게 느껴질 수도 있지만, 몇 번 하다 보면 자신만의 노하우가 생길 거예요.

비비드한 느낌의

화장품 파우치
(덮개형)

깜빡 깜빡 깜빡,

크리스마스트리에 반짝이는 전구처럼

어릴 때 즐겨먹던 색색의 알사탕처럼

밝고 선명한 원색의 무지 원단을 활용해 만든 화장품 파우치여요.

덮개 부분에는 색실로 꿰매 포인트를 주고

알록달록 장난감 같은 느낌으로 단추도 달아주었죠.

바비 인형을 보면 여전히 만지작거리고

추억의 장난감 가게 앞에서 쉽게 발걸음을 옮기지 못하는

어른아이의 마음으로!

Pretty Little Purses
& Pouches

 비비드한 느낌의 **화장품 파우치**(덮개형)

 **준비하기**

〰〰 **완성 사이즈** | 가로 20cm, 세로 13cm

〰〰 **재료** | 빨간색 무지 원단(겉감 위), 초록색 무지 원단(겉감 아래), 빨간색 무지 원단(안감), 접착솜(2온스),
　　　　 자석 단추, 장식용 단추, 색실

 **재단하기**

1. 겉감과 안감, 접착솜은 172P 도안을 대고 그려주세요.

2. 겉감과 안감은 시접 1cm를 주고 재단합니다. 접착솜은 시접을 따로 주지 않아요.

3. 이렇게 바닥면까지 한 번에 재단할 때는 바닥면이 접히면서 뒷면의 무늬가 거꾸로 보이기 때문에 무지 원단이나
　　 위, 아래가 구분되지 않는 무늬의 원단을 사용해줍니다.

1 겉감 위와 아래 원단을 겉끼리 마주 대고 시접 1cm로 박음질 해주세요.

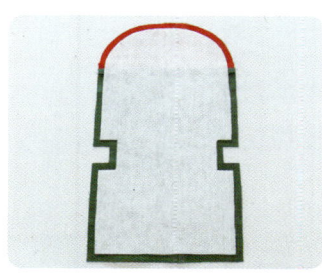

2 시접을 가름솔로 다림질한 다음, 원단 뒷면에 접착솜을 붙여주세요.

3 뒤집어서 색실로 이음선 양 쪽을 스티치해주세요. 스티 치는 장식 효과도 있지만 접착솜 을 고정시켜주는 역할도 한답니다.

4 겉감 아래 부분을 겉끼리 마주 대고 접어준 다음, 옆 선을 시접 1cm로 박음질해주세요. 윗부분 시접은 박음질하지 말고 남겨두세요.

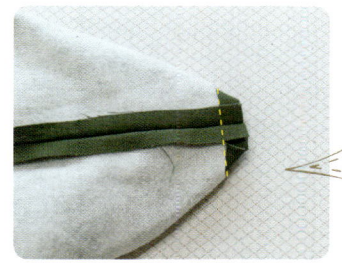

5 옆선의 시접을 가름솔로 정 리하고, 양쪽 밑면도 시접 1cm로 박음질해주세요.

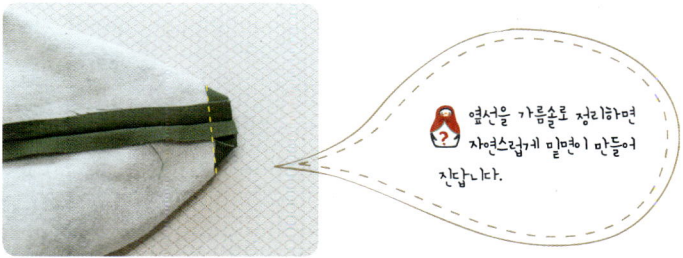

옆선을 가름솔로 정리하면 자연스럽게 밑면이 만들어 진답니다.

6 겉감을 뒤집어주세요.

7 안감도 주머니가 될 부분을 겉끼리 마주 대고 접어준 다음, 옆선을 박음질해주세요. 윗 부분 시접은 박음질하지 말고 남 겨두세요.

8 양쪽 밑면도 겉감처럼 시접 1cm로 박음질해주세요.

9 주머니 윗부분의 시접을 1cm 접어주세요.

10 안감 위에 겉감을 올려주세요.

11 덮개 부분은 완성선을 따라 박고, 곡선 부분에 가위집을 넣어주세요.

12 덮개 부분을 뒤집어 안감을 겉감 안에 넣어줍니다.

13 겉감의 주머니 윗부분 시접을 안으로 접어 넣고 시침핀으로 고정한 다음, 겉감과 안감의 입구 부분을 공그르기로 연결해주세요.

14 다림질해서 덮개의 모양을 정돈하고, 입구 부분은 색실로 스티치해주세요.

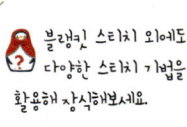

블랭킷 스티치 외에도 다양한 스티치 기법을 활용해 장식해보세요.

15 덮개 부분은 색실로 블랭킷 스티치를 해주세요. 스티치 방법은 111P를 참고하세요.

16 덮개 안쪽 윗부분 중앙에 자석 단추를 달아줄 자리를 표시해줍니다.

17 자석 단추를 달아주세요.

18 덮개를 덮어 자석 단추가 여며지는 부분을 표시하고 나머지 단추도 달아주세요.

19 덮개 윗부분에 장식용 단추를 달아줍니다.

완성

Tip

블랭킷 스티치

블랭킷 스티치는 옷감의 가장자리 장식을 할 때 많이 쓰이는 자수 기법이에요. 버튼홀 스티치와 비슷한 기법이지만, 블랭킷 스티치는 매듭이 생기지 않는다는 점에서 약간의 차이가 있어요.

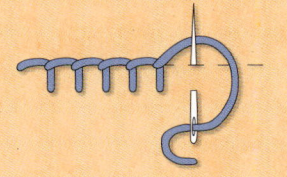

Pretty Little Purses
& Pouches

때로는 심플하게
화장품 파우치
(지퍼형)

'냉장고는 작을수록 좋다'라고 생각합니다.

　필요한 만큼 재료를 구입해서 신선할 때 먹기 위해서이지요.

　　그래서 식구가 늘어도 여전히 혼자 자취할 때 쓰던 작은 냉장고를 사용하고 있어요.

계절이 바뀔 때마다 옷장 정리를 한 후에는

안 입는 옷가지와 살림살이들을 모아서 재활용 매장에 가져다줍니다.

그곳에서 필요한 물품들을 가져오기도 하고요.

원고지무늬의 원단으로 파우치를 만들며 이런저런 장식을 더하다

과한 꾸밈을 하나씩 덜어내 봤어요.

'Simple life!'

때로는 수많은 장식을 덧붙이기보다 간소하게, 소박하게, 자연스럽게!

Pretty Little Purses & Pouches

 때로는 심플하게 **화장품 파우치**(지퍼형)

 **준비하기**

〰**완성 사이즈** | 가로 20cm, 세로 14cm

〰**재료** | 원고지무늬 원단(겉감), 사선무늬 원단(안감), 접착심지, 지퍼(20cm)

 **재단하기**

1. 재단 그림을 참고해 원단 뒷면에 완성선을 그려주세요.

2. 겉감과 안감은 시접 1cm를 주고 재단합니다. 접착심지는 시접을 따로 주지 않아요.

3. 이렇게 바닥면까지 한 번에 재단할 때는 바닥면이 접히면서 뒷면의 무늬가 거꾸로 보이기 때문에 무지 원단이나
위, 아래가 구분되지 않는 무늬의 원단을 사용해줍니다.

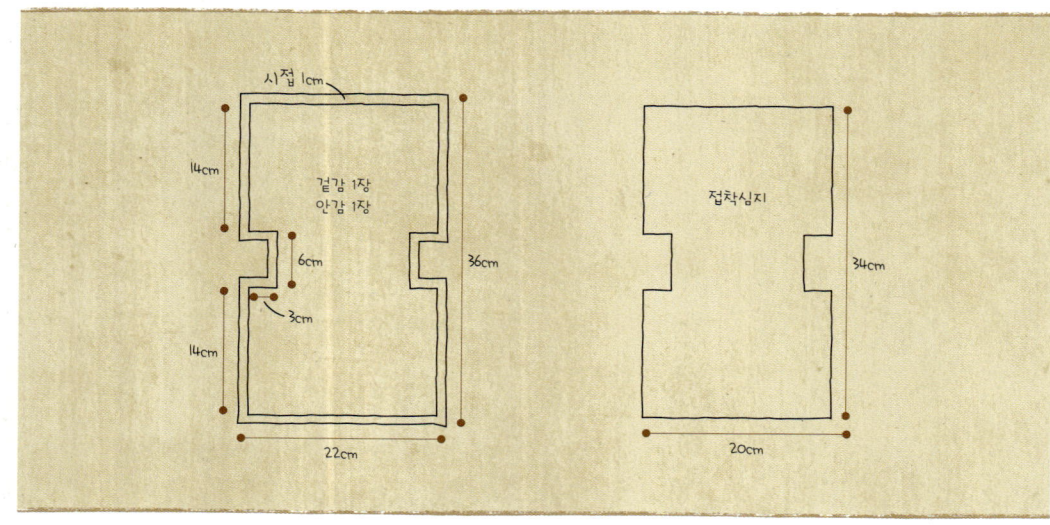

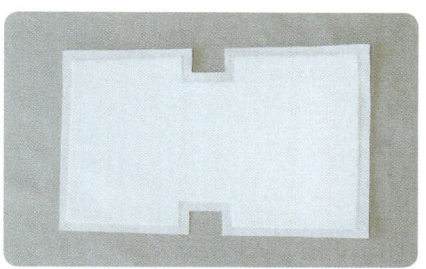

1 겉감 뒷면에 접착심지를 붙여주세요.

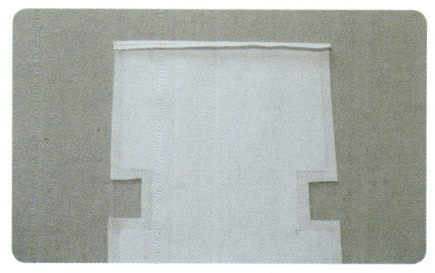

2 위, 아래 시접을 안쪽으로 접어주세요.

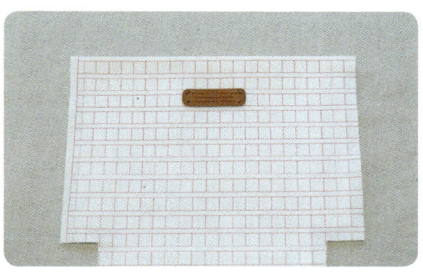

3 뒤집어서 윗부분에 라벨을 달아주세요.

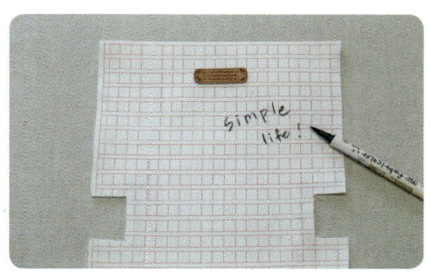

4 아랫부분에 패브릭 펜으로 장식용 글씨를 써주고, 지워지지 않게 다림질해줍니다.

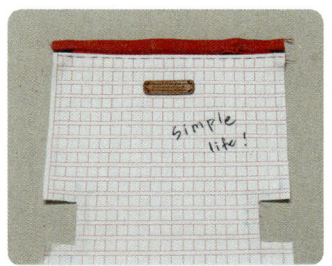

5 시접을 접어둔 부분을 지퍼 위에 올리고 시침질로 고정해주세요. 지퍼 양 끝은 1.5cm 접어줍니다.

이렇게 지퍼 끝을 접으면 완성했을 때 지퍼 모양이 더 예쁘답니다. 8번 과정 사진을 참고해주세요. 시침질 대신에 패브릭 풀이나 패브릭 워셔블 테이프를 활용하면 좀 더 간편하게 지퍼를 달 수 있어요.

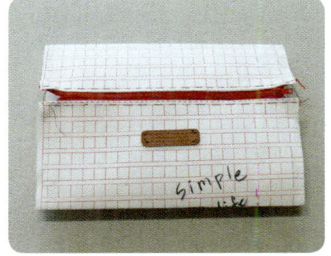

6 가장자리에서 0.2cm 안으로 들어와 홈질로 지퍼를 고정해주세요.

7 맞은편도 같은 방법으로 지퍼를 달아주고, 시침실은 뜯어주세요.

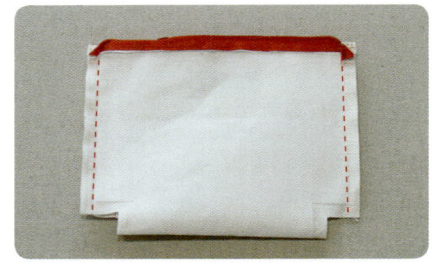

8 뒤집은 다음, 겉끼리 마주 대고 반으로 접어주세요. 옆선을 시접 1cm로 박음질해주세요.

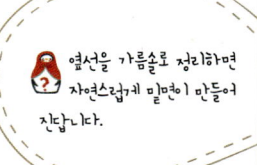

옆선을 가름솔로 정리하면 자연스럽게 밑면이 만들어진답니다.

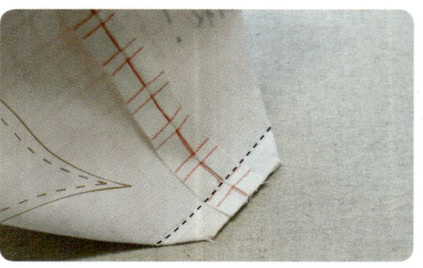

9 옆선의 시접을 가름솔로 정리하고, 양쪽 밑면도 시접 1cm로 박음질해줍니다.

10 지퍼 부분으로 뒤집어주세요.

11 안감은 위, 아래 시접을 1.2cm 안쪽으로 접어주세요.

12 안감도 겉끼리 마주 대고 접어준 다음, 옆선을 박음질해주세요.

13 양쪽 밑면도 박음질해주세요.

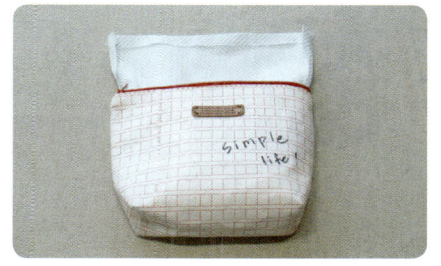

14 안감을 겉감 안에 넣어줍니다.

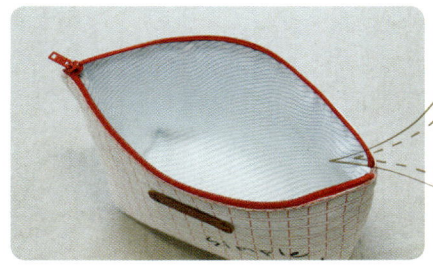

지퍼를 연결한 실이 살짝 덮이게 공그르기해주세요. 겉에서 보일 수 있으므로 지퍼 색과 실 색깔을 맞춰줍니다.

15 지퍼를 달아준 부분의 바늘땀이 살짝 덮이도록 안감 입구를 시침핀으로 고정 하고, 공그르기로 연결해주세요.

완성

이중 지퍼

우먼 파우치

그런 날이 있어요. 늘 하던 일이고 어렵지 않은 일인데

이상하게도 사사건건 엉키고 애를 먹이는 날.

바느질할 때도 마찬가지예요. 무심코 원단을 잘랐는데 시접을 안 두었다든가,

뒤집을 창구멍을 남기지 않고 다 박아버렸다든가,

도대체 왜 이럴까 자책하며 만들고 뜯기를 반복하게 되는 날.

그럴 때는 손에서 일감을 내려놓고 잠시 쉬면 좋으련만

잘 안 될수록 오기가 발동해서 괜한 집착을 하게 됩니다.

언젠가는 이런 마음으로 바느질을 하다 바늘을 두 개나 부러뜨린 적이 있어요.

일부러 부러뜨리라고 해도 쉽지 않은 일인데 말이죠.

손바느질을 할 때는 빨리 하겠다는 마음,

완벽하게 잘 하겠다는 마음을 버려야 할 것 같아요.

즐거운 마음으로 시작한 일이니 괜한 스트레스를 받을 필요는 없으니까요.

하지만 지난밤에도 여성 용품을 크기나 종류별로 담을 수 있는

이중 지퍼 파우치를 만들다가 지퍼가 예쁘게 안 달린다며 밤늦게까지 작업했어요.

마음을 비우는 일이 어디 말처럼 그리 간단하고 쉽던가요.

Pretty Little Purses & Pouches

 이중 지퍼 **우먼 파우치**

 **준비하기**

〰️ **완성 사이즈** ┃ 가로 13cm, 세로 14cm

〰️ **재료** ┃ 남색 무지 원단(겉감 위), 서양 배무늬 원단(겉감 아래&뒤판), 주황색 동그라미무늬 원단(안감),
하늘색 물방울무늬 원단(아래 지퍼 안감), 지퍼(길이 15cm 2개)

 **재단하기**

1. 재단 그림을 참고해 원단 뒷면에 완성선을 그려주세요. 시접은 1cm를 주고 재단합니다.

2. 여기서는 겉감 아래와 뒤판을 같은 원단으로 재단해주었어요.
다른 원단으로 만들 때는 겉감 아래와 뒤판을 각각 재단해 이어주세요.

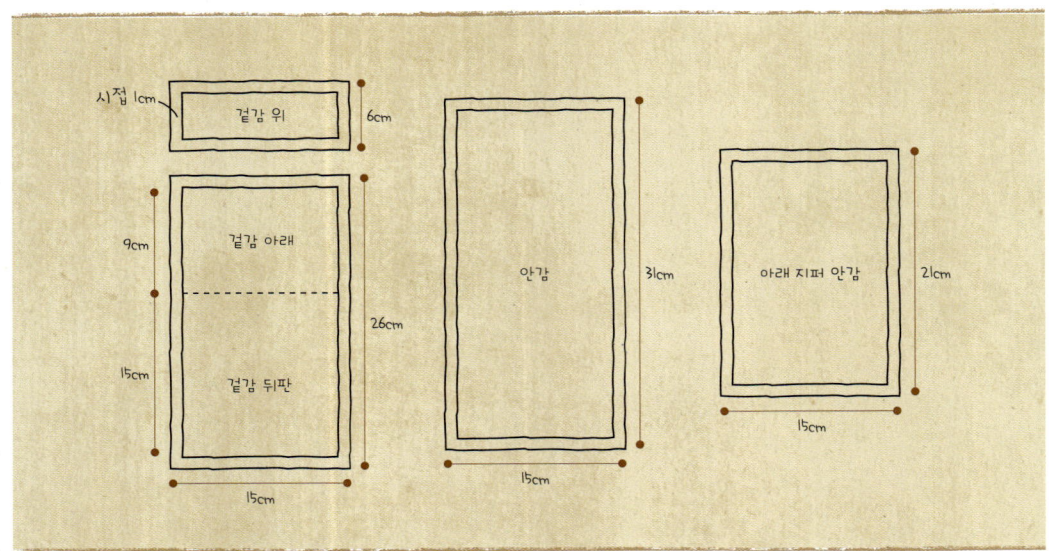

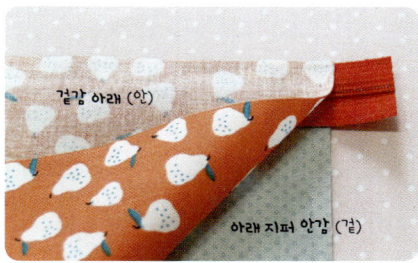

겉감 아래 (안)

아래 지퍼 안감 (겉)

1 먼저 아래쪽 지퍼부터 달아볼게요. 지퍼 안감의 겉면 위에 지퍼의 겉이 보이게 올려주세요. 그 위에 겉감 아랫부분 원단 겉면을 마주 보게 합니다.

시접을 1cm로 주었기 때문에 지퍼는 가장자리여서 약간 안쪽으로 들어와 놓아주세요. 이때 지퍼 손잡이를 빼거나 한쪽으로 밀어두고 작업하면 바느질하기가 좀 더 쉽답니다

2 겉감과 안감, 지퍼를 시침질로 고정하고 시접 1cm로 박음질해주세요.

시침질 대신에 패브릭 풀이나 패브릭 워셔블 테이프를 활용하면 좀 더 간편하게 지퍼를 달 수 있어요.

3 시침질한 실을 제거한 다음, 뒤집어서 다림질해줍니다. 원단이 뜨지 않게 가장자리에서 0.2cm 들어와 홈질로 고정해주세요.

4 맞은편도 같은 방법으로 지퍼를 달아줄 거예요. 지퍼 안감을 접어 올려 지퍼 안감의 겉면 위에 지퍼의 겉이 보이게 올려주세요. 겉감 윗부분 원단 겉면을 마주 대고, 시접 1cm로 박음질해주세요.

5 뒤집어서 다림질하고, 원단이 뜨지 않게 가장자리에서 0.2cm 들어와 홈질로 고정해줍니다.

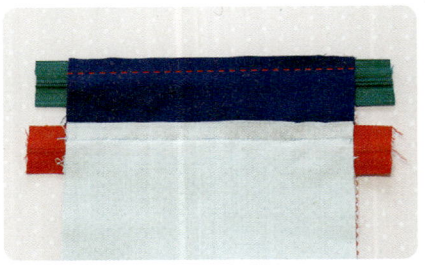

6　이제 위쪽 지퍼를 달아줄 거예요. 방법은 같습니다. 안감의 겉면 위에 지퍼의 겉이 보이게 올리고, 그 위에 겉감의 윗부분 원단 겉면을 마주 보게 한 다음, 시접 1cm로 박음질해주세요.

7　뒤집어서 원단이 뜨지 않게 홈질한 다음, 맞은편 지퍼도 달아주세요. 안감과 겉감을 접어 올려 사이에 지퍼를 끼우고 시접 1cm로 박음질해주세요.

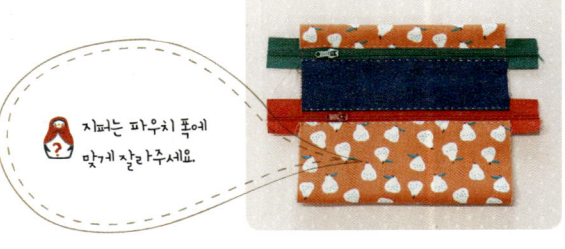

지퍼는 파우치 폭에 맞게 잘라주세요.

8　겉감이 보이게 뒤집어서 원단이 뜨지 않게 홈질한 다음, 미리 빼둔 지퍼 손잡이를 끼워서 안쪽으로 밀어줍니다.

9-1　겉감과 안감 사이에 손을 넣어서 겉감과 겉감, 안감과 안감의 겉끼리 마주 보게 한 다음, 옆선을 시접 1cm로 박음질해주세요. 이때 한쪽은 끝까지 박고, 다른 쪽은 안감에 창구멍을 남기고 겉감만 바느질해요.

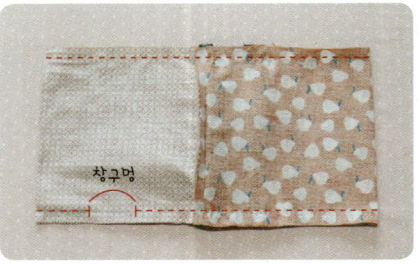

9-2　한꺼번에 박는 게 어렵게 느껴진다면, 사진을 참고해 안감과 겉감을 따로 박음질해주세요.

10　창구멍으로 뒤집은 다음, 공그르기로 창구멍을 막아주세요.

11 지퍼를 열고 겉감이 보이게 뒤집어주세요.

12 포인트 장식으로 단추를 달아줍니다.

완성

지퍼 여러 개 달기

이중 지퍼 파우치는 만드는 방법이 복잡한 것 같지만, 과정 1~3번을 반복하는 거예요. 이런 방식으로 지퍼를 달아주면 이중 지퍼뿐만 아니라 삼중, 사중으로도 지퍼 파우치를 만들 수 있어요. 좀 더 자세한 설명은 '쉽고 간단하게 만드는 다용도 납작 파우치(100P)' 만드는 방법을 참고해보세요. 지퍼가 여러 개 달린 파우치는 주머니마다 별도의 수납을 할 수 있어 사용하기 편리하답니다.

수납도 사용도 편리한

휴대전화 파우치

Rabbit

때때로 손이 가는 대로, 마음 가는 대로 천을 쓱쓱 잘라서
무언가를 만들고 싶을 때가 있어요.
복잡한 치수 계산이라든가, 딱 맞아떨어지는 재단 없이 그냥 되는 대로.
별다른 레시피가 있는 것도 아니고, 계량스푼으로 정확하게 츳정해서
양념을 집어넣는 것도 아닌데 늘 맛있었던 엄마의 음식처럼.
시간이 차곡차곡 쌓이면 그런 날도 오겠죠?
'감'과 '손맛', '평범한 재료'로 꽤 쓸 만하고 근사한
무언가를 만들어낼 수 있는 그런 날.

Pretty Little Purses & Pouches

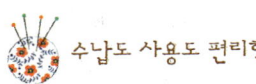
준비하기

〰〰**완성 사이즈** | 가로 7cm, 세로 14cm

〰〰**재료** | 파란색 패치 원단(겉감), 남색 무지 원단(안감&고리감), 접착솜(1온스), 여밈용 가죽 장식, D링

재단하기

1. 재단 그림을 참고해 원단 뒷면에 완성선을 그려주세요. 안감은 겉감보다 세로 길이를 2cm 크게 그립니다.

2. 겉감과 안감은 시접 1cm를 주고 재단하세요. 겉감 윗부분에는 따로 시접을 주지 않아요.

3. 휴대전화 크기에 따라 파우치의 크기를 조절해보세요. 휴대전화의 가로 길이와 세로 길이를 재고, 2~3cm 여유 분과 시접을 더해 재단해줍니다.

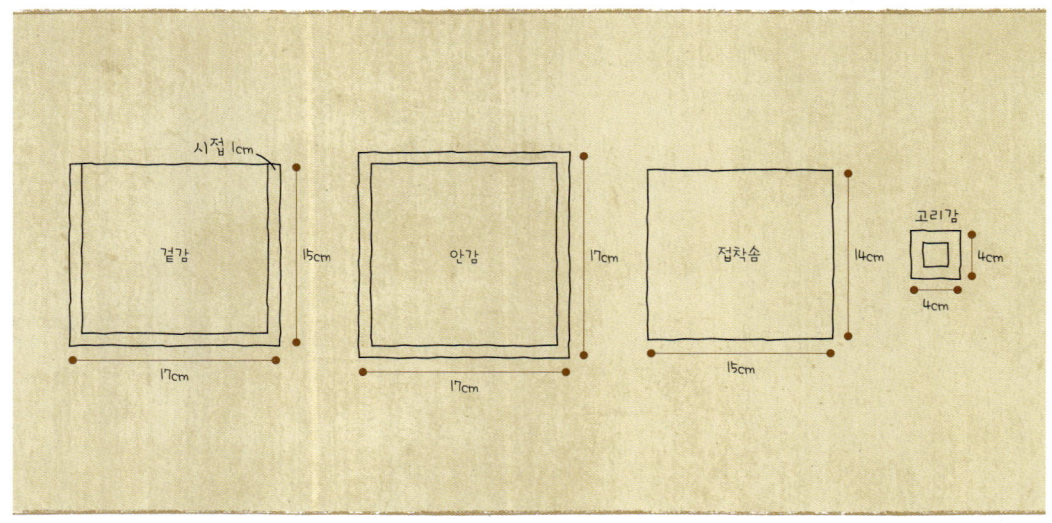

1 겉감 뒷면에 사진처럼 접착솜을 붙여주
세요.

2 고리감은 칸으로 접은 다음, 위아래 시
접을 1cm씩 안으로 접어서 다림질해주
세요. 가장자리는 공그르기로 연결해줍니다.

D링이없다면 고리감만
고정해주세요.

3 고리감에 D링을 끼우고 반
으로 접은 다음, 겉감의 겉
면 입구에서 1cm 내려온 지점에
홈질로 고정해주세요.

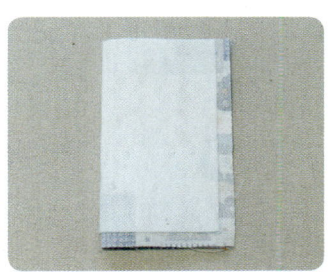

4 겉감을 겉끼리 마주 보게
반으로 접어주세요. 안감도
같은 방법으로 접어줍니다.

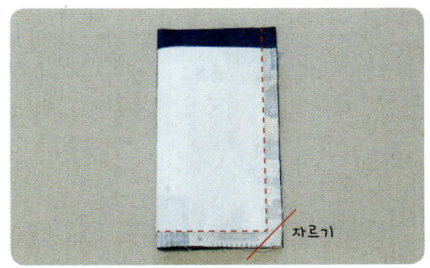

자르기

5 안감 위에 겉감을 올리고 박음질해주세요.
뒤집었을 때 시접이 겹쳐서 두꺼워지지
않도록 모서리 부분의 시접을 사선으로 잘라주
세요.

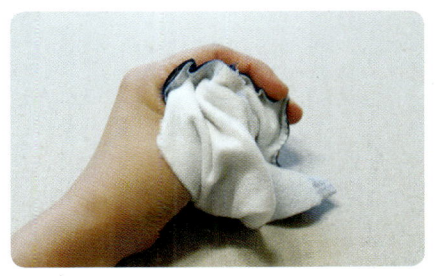

6 겉감 윗부분에 손을 넣어 뒤집어주세요.
모서리 부분에 엄지손가락을 넣어 검지
와 맞잡고 모서리 끝부터 뒤집은 다음, 송곳으
로 모양을 잡아줍니다.

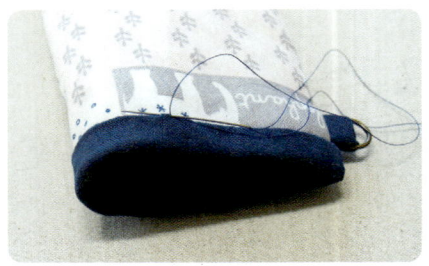

7 안감을 1cm씩 두 번 접어 겉감 윗부분을 덮은 다음 공그르기해주세요.

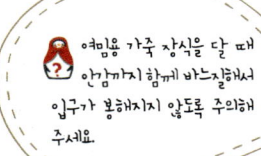

여밈용 가죽 장식을 달 때 안감까지 함께 바느질해서 입구가 봉해지지 않도록 주의해 주세요.

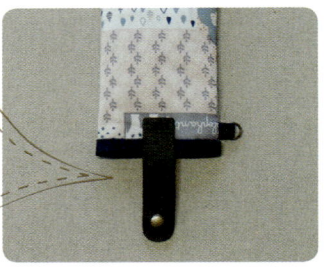

8 실 두 겹으로, 뒷면 입구 중앙에 여밈용 가죽 장식을 달아주세요.

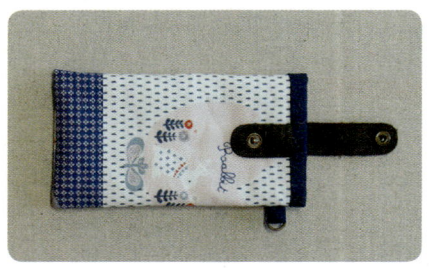

9 앞면 입구 중앙에는 여밈용 단추를 달아 줍니다.

완성

D링에 열쇠고리나 스트랩 등을 끼워서 활용해보세요.

여밈용 부자재 달기

이 책에서는 지갑과 파우치를 열고 닫을 때 쓰이는 여밈용 부자재를 다양하게 활용했어요.
각각 장단점이 있으니 아이템에 어울리는 적당한 부자재를 사용해보세요.

똑딱 단추

볼록하게 튀어나온 수단추와 오목한 암단추를 눌러 맞춰 채우는 단추입니다. 주로 금속으로
만드는데, '동전 주머니가 달린 반지갑(46P)'에서는 천으로 표면을 감싸준 싸개 똑딱 단추를
사용했어요. 같은 형태로 맞물리는 자석 단추는 자력에 의해 좀 더 쉽게 여닫을 수 있습니다.
'나만의 색깔을 담은 명함 지갑(80P)', '꽃비 내리는 날에, ㅋ 홀더 지갑(86P)'게는 자석 단추를 달아주었어요.

여밈용 가죽 장식

가죽 끈에 여닫을 수 있는 단추가 달려 있는 형태의 부자재예요. 끈으로 덮더주기 때문에
좀 더 안전하게 내용물을 담을 수 있어 반지갑이나 휴대전화 과우치를 만들 때 사용했어요.

여밈용 끈과 단추

'여러 장도 거뜬히 카드 지갑(68P)'에서는 바이어스 방향으로 원단을 재단해 끈을 만든 다
음, 단추와 함께 달아주었어요. 끈 만드는 게 번거롭다면 '작은 봉투 모양 도시락 주머니
(154P)'처럼 스트링을 잘라서 만들어보세요.

스프링 도트

스프링 도트는 안에 스프링이 있어서 좀 더 부드럽게 열고 닫힌답니다. 도구르 박아주는데,
이 책에서는 '여행가고 싶은 날엔 카메라 파우치(130P)'를 만들 때 가죽 끈과 함께 사용해
주었어요. 스프링 도트 다는 방법은 16P를 참고하세요.

Pretty Little Purses & Pouches

여행 가고 싶은 날엔
카메라 파우치

어느 노랫말처럼 '먼지 낀 카메라, 때 묻은 지도 가방 안에 넣고서……'

멀리 멀리 여행을 떠나고 싶을 때가 있어요.

두근두근 설레는 마음으로.

한동안 DSLR 카메라를 들고 다녔는데 무겁고 브피가 크다 보니 짐이 되더라고요.

그래서 요즘에는 똑딱이 카메라를 애용한답니다.

마음에 담고 싶은 풍경이나 장면이 있을 때 재빨리 찰칵, 셔터를 누를 수 있으니까요.

오랜 친구 같은 느낌의 카메라 파우치를 만들고 싶어서

빈티지풍의 콜라주 원단과 자투리 가죽 끈을 홀용해봤어요.

들고 다니기 편하게 길이 잘든 가죽 가방 끈도 달아주었고요.

가방 끈은 분리가 가능해서 하나만 가지고 있어도 활용도가 높지요.

파우치의 크기와 디자인을 달리해 여러 개 만들어두었다가

가방 끈만 분리해서 달아주면 또 다른 느낌의 카메라 파우치 완성!

Pretty Little Purses & Pouches

 여행가고 싶은 날엔 **카메라 파우치**

〰**완성 사이즈** ┃ 가로 8cm, 세로 13cm, 폭 4cm

〰**재료** ┃ 콜라주 원단(겉감 앞판), 카키색 무지 원단(겉감 뒤판&옆판), 체크무늬 원단(안감), 접착솜(4온스), 면 테이프(길이 3cm 2장), 가죽 끈(길이 13cm), D링, 스프링 도트 10mm&도구, 가방 끈

1. 재단 그림을 참고해 원단 뒷면에 완성선을 그려주세요.
2. 겉감과 안감은 시접 1cm를 주고 재단합니다. 접착솜은 시접을 따로 주지 않아요.
3. D링을 끼울 면 테이프는 길이 3cm로 2장 준비해주세요. 파우치를 여며줄 가죽 끈은 길이 13cm로 잘라둡니다.
4. 카메라 크기에 따라 파우치의 크기를 조절해보세요. 카메라의 가로와 세로 길이, 두께를 재고, 여유분과 시접을 더해 재단해줍니다.

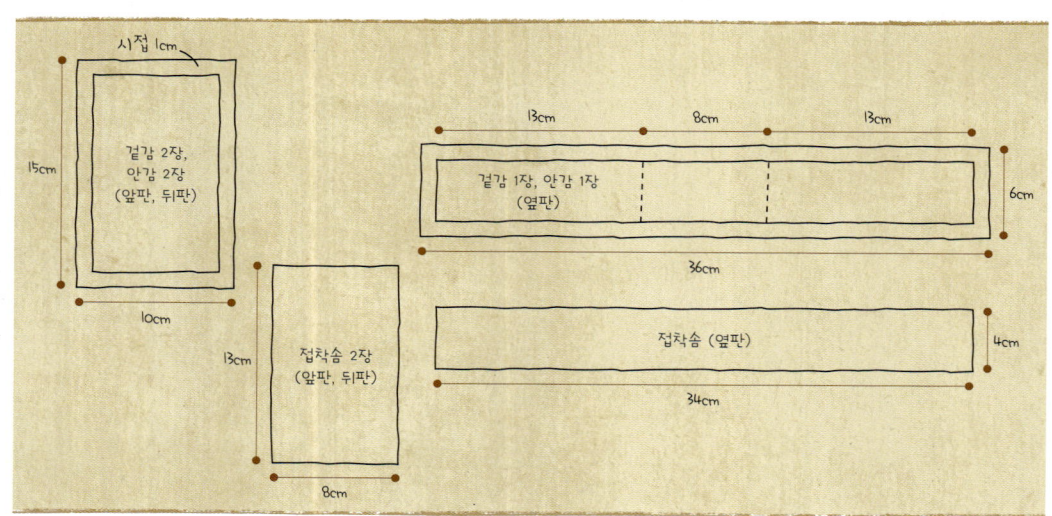

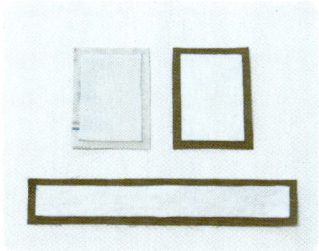

1 겉감 앞판과 뒤판, 옆판에 접착솜을 붙여주세요.

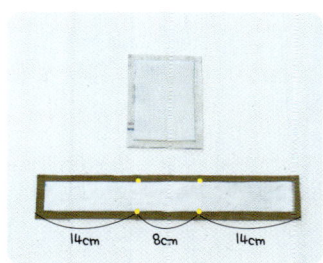

14cm   8cm   14cm

2 옆판의 뒷면에 바닥이 될 부분을 표시해주세요.

3 겉감 앞판과 옆판을 겉끼리 마주 대고 표시한 부분을 잘 맞춰 시접 1cm로 박음질해주세요. 모서리 부분에서는 한쪽 면에 가위집을 넣어줍니다.

4 겉감의 뒤판과 옆판도 겉끼리 마주 대고 박음질해주세요.

5 뒤집어서 이음선 부분을 감침질해주세요. 이런 스티치는 장식 효과도 있지만 접착솜을 고정시켜주는 역할도 한답니다.

6 면 테이프에 D링을 끼운 다음 옆판 윗부분 중앙에 홈질로 고정해주세요. 반대쪽도 같은 방법으로 바느질합니다.

7 앞판에 스프링 도트(안단추)를 달아주세요.

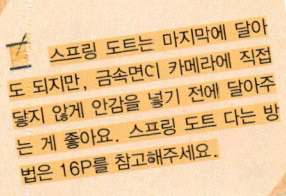

스프링 도트는 마지막에 달아도 되지만, 금속면이 카메라에 직접 닿지 않게 안감을 넣기 전에 달아주는 게 좋아요. 스프링 도트 다는 방법은 16P를 참고해주세요.

8 뒤판에 단추를 달아 가죽 끈을 고정해주세요.

가죽 끈이나 스프링도트가 없을 때는 '여러 장도 거뜬히 카드 지갑(68P)' 만드는 법을 참고해 고리를 만들고 여밈 단추를 달아줘도 된답니다.

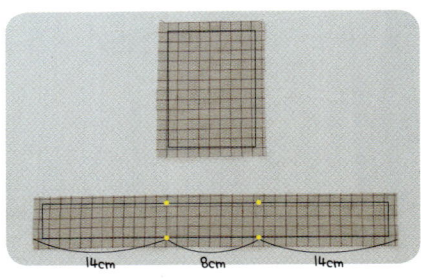

9 이제 안감을 만들 거예요. 안감도 옆판의 뒷면에 바닥이 될 부분을 표시해주세요.

14cm 8cm 14cm

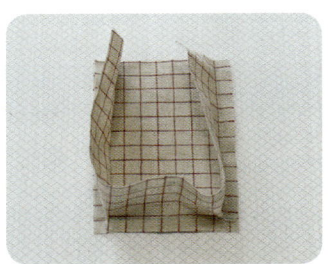

10 겉감과 같은 방법으로 앞판과 옆판을 이어주세요. 모서리 부분에서는 한쪽 면에 가위집을 넣어줍니다

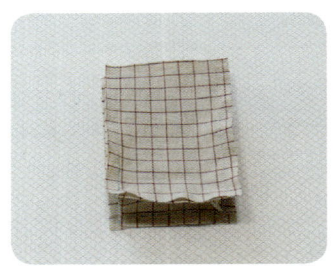

11 뒤판과 옆판도 겉끼리 마주대고 박음질해주세요.

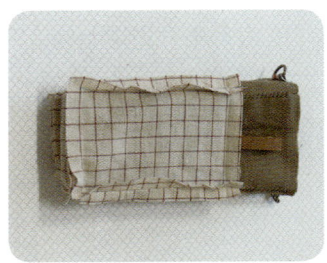

12 안감에 겉감을 넣어주세요.

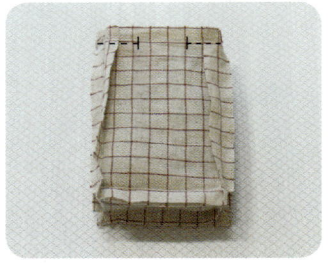

13 윗부분을 시접 1cm로 박음질해줍니다. 이때 창구멍을 남겨두세요.

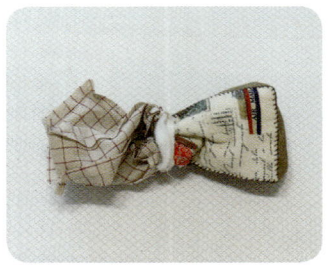

14 창구멍으로 뒤집어줍니다.

15 안감을 겉감 안으로 밀어넣고 공그르기로 창구멍을 막아주세요.

16 입구 둘레를 스티치해주세요.

17 가죽 끈의 끝부분을 대각선으로 자르고, 스프링 도트(겉단추)를 달아줍니다. 이 때 리본 끈을 스프링 도트 사이에 접어 넣어 포인트를 주었어요.

완성

D링에 가방끈을 끼워주면 완성.

빗방울 똑똑
펜슬 파우치

음식을 할 때 책이나 블로그를 참고할 때가 있어요.
만드는 방법이 어렵지 않다는 말에 신이 나서 요리를 시작했다가
낭패를 본 경우도 있지요.
뭐 하나 만들려면 필요한 재료는 왜 그렇게 많은지,
허둥지둥 만드는 과정을 따라가다 보면 주방은 금세 어수선해지고
음식 맛은 '이게 아닌데……' 싶지요.
만드는 방법이 어렵지 않다는 말 앞에는 '익숙해지면'이라는 전제가 필요할 것 같아요.
아무리 쉬운 일이라고 해도 '처음'은 항상 긴장되고
익숙해지는 데는 얼마간의 '시간'이 필요하니까요.
바느질도 마찬가지일 거예요.
손에 익을 만큼 익숙해져서 내 것이 될 때, 비로소 쉬워지겠죠?

Pretty Little Purses & Pouches

빗방울 똑똑 펜슬 파우치

준비하기

〰️ **완성 사이즈** ┃ 가로 19cm, 세로 4cm

〰️ **재료** ┃ 빗방울무늬 원단(겉감 몸판&손잡이감), 하늘색 무지 원단(겉감 바닥판), 노란색 동그라미무늬 원단
(안감), 접착심지, 지퍼(길이 25cm), 색실

재단하기

1. 재단 그림을 참고해 원단 뒷면에 완성선을 그려주세요.
2. 겉감과 안감은 시접 1cm를 주고 재단합니다. 접착심지는 시접을 따로 주지 않아요.

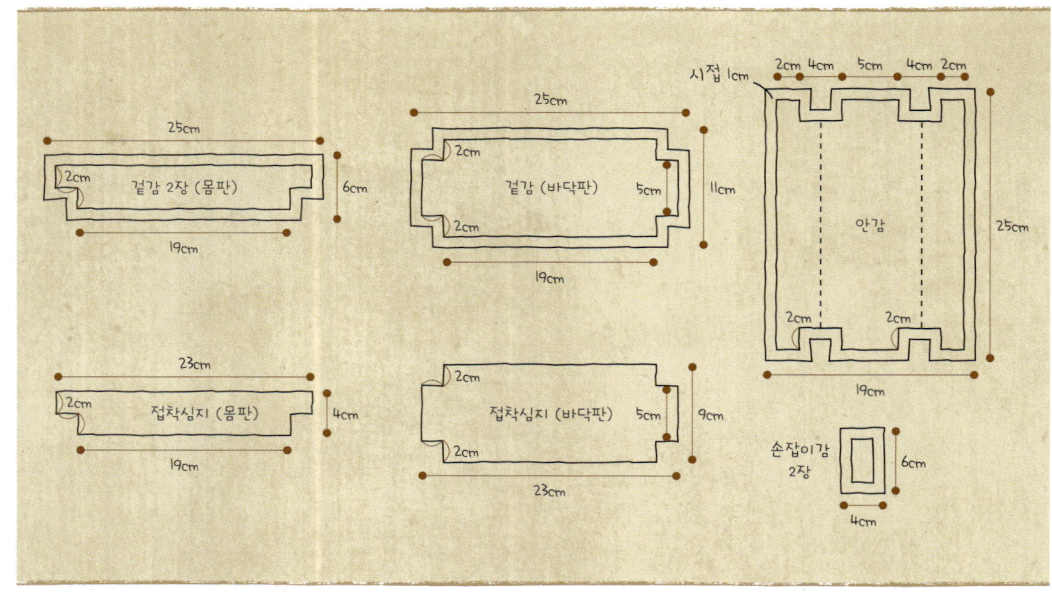

1 손잡이감을 길게 반으로 접은 다음, 위 아래 시접을 1cm씩 안으로 접어서 다림질해주세요. 가장자리는 공그르기로 연결해 줍니다. 나머지 한 장도 같은 방법으로 만들어주세요.

2 겉감 몸판 2장과 겉감 바닥판 뒷면에 접착심지를 붙여주세요.

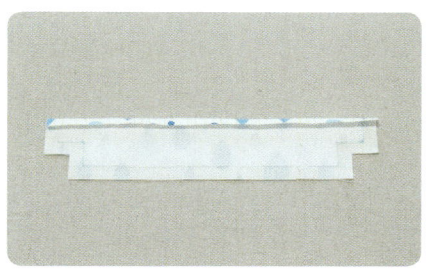

3 겉감 몸판의 윗부분 시접을 안쪽으로 접어주세요.

4 시접을 접어둔 부분을 지퍼 위에 올리고 시침질로 고정한 다음, 가장자리에서 안쪽으로 0.2cm 들어와 박음질해주세요. 이때 지퍼 손잡이를 한쪽으로 밀어두거나 빼그 작업하면 바느질하기가 좀 더 쉽답니다.

시침질 대신에 패브릭 풀이나 패브릭 워셔블 테이프를 활용하면 좀 더 간편하게 지퍼를 달 수 있어요.

5 맞은편도 같은 방법으로 지퍼를 달아준 다음, 지퍼 손잡이를 끼워주세요. 나중에 뒤집을 수 있게 지퍼 부분은 적당히 열어 둡니다.

6 길이에 맞게 지퍼의 양끝을 잘라주세요. 손잡이감을 반으로 접어 양쪽 지퍼 중앙에 올리고 홈질로 미리 고정해줍니다.

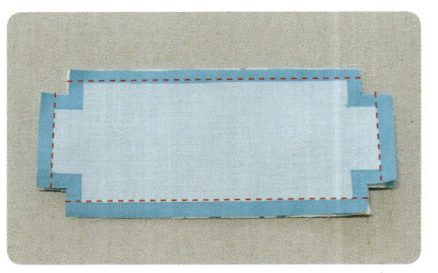

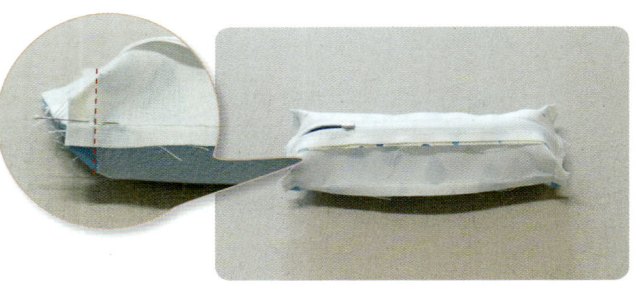

7 겉감 몸판과 바닥판이 겉끼리 마주 보게 바 닥판을 올리고, 사진처럼 박음질해주세요.

8 옆선의 시접을 바닥판 쪽으로 넘기고, 중심을 잘 맞춰 네 모서리를 박음질해주 세요.

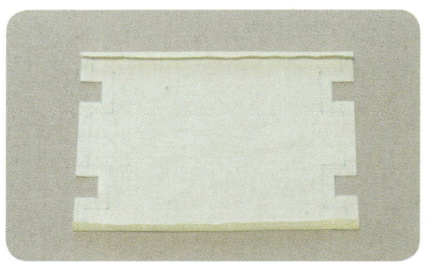

9 지퍼 부분으로 뒤집어서 이음선 아랫부 분을 스티치해주세요.

10 안감은 위, 아래 시접을 1.2cm 안쪽으로 접어주세요.

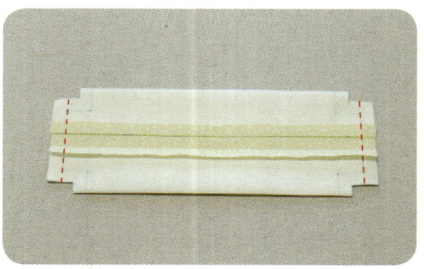

11 사진을 참고해 위, 아래를 반으로 접어 준 다음 옆선을 박음질해주세요.

12 양쪽 끝부분의 시접을 바닥 쪽으로 넘기 고, 겉감과 같은 방법으로 네 모서리를 박음질해주세요.

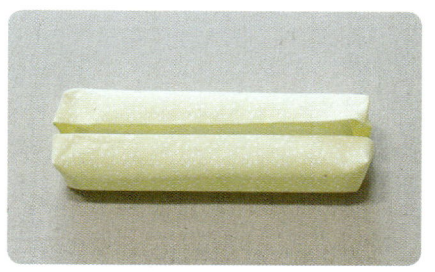

13 안감을 뒤집어주세요.

14 스티치해준 겉감을 뒤집어 안감 안에 넣어주세요.

겉에서 보일 수 있으므로 지퍼 색깔 실 색깔을 맞춰줍니다.

15 지퍼를 달아준 부분의 바늘땀이 살짝 덮이도록 안감 입구를 시침핀으로 고정하고, 공그르기로 연결해주세요.

16 지퍼 부분으로 뒤집어서 모양을 잡아줍니다.

완성

언제 어디서든
휴대용 바느질 주머니

'간단한 바느질 도구들을 챙겨서 들고 다닐 수 있는 주머니가 있다면
언제 어디서든 바느질을 할 수 있을 텐데…….'
그래서 만들어본 휴대용 바느질 도구 즈머니예요.
처음에는 가위랑 자를 담을 수 있는 작은 주머니도 달고,
핀꽂이와 실패꽂이도 만들고, 수성 펜도 수납할 수 있는
조금 복잡한 형태의 주머니를 머릿속으로 그려봤어요.
그러다 문득, 바느질을 시작할 즈음에 만든 작은 주머니가 생각났어요.
만드는 방법이 어렵지 않고, 칸막이가 여러 개라 여러모로 쓰임이 많았지요.
예전에는 가운데에 솜을 넣어서 바늘꽂이를 주머니에 붙여 주었는데
이번에는 다양한 용도로 활용할 수 있도록 바늘꽂이를 따로 만들었어요.
작업하면서 오래전 친구에게 선물한 바느질 주머니가 생각나
"아직도 가지고 있니?" 조심스레 물었더니, 친구는 "당연하지!"라며 고개를 끄덕입니다.
10여 년 전에 선물한 주머니인데 여전히 귀하게 잘 쓰고 있다는 말에 뭉클하네요.
힘든 순간도 있지만, 바느질을 멈출 수 없는 이유는 아마도 이런 기쁨 때문일 거예요.

Pretty Little Purses & Pouches

언제 어디서든 **휴대용 바느질 주머니**

준비하기

〰〰**완성 사이즈 ┃** 지름 36cm

〰〰**재료 ┃** 꽃무늬 원단(겉감 큰 원), 카키색 동그라미무늬 원단(안감 큰 원), 나뭇가지무늬 원단(겉감&안감
　　　　 작은 원), 스트링, 나무 구슬

재단하기

1. 원단 뒷면에 173P 도안을 대고 완성선을 그려주세요.

2. 작은 원은 큰 원보다 반지름이 5cm 작게 그려주세요.

3. 시접 1cm를 주고 재단합니다.

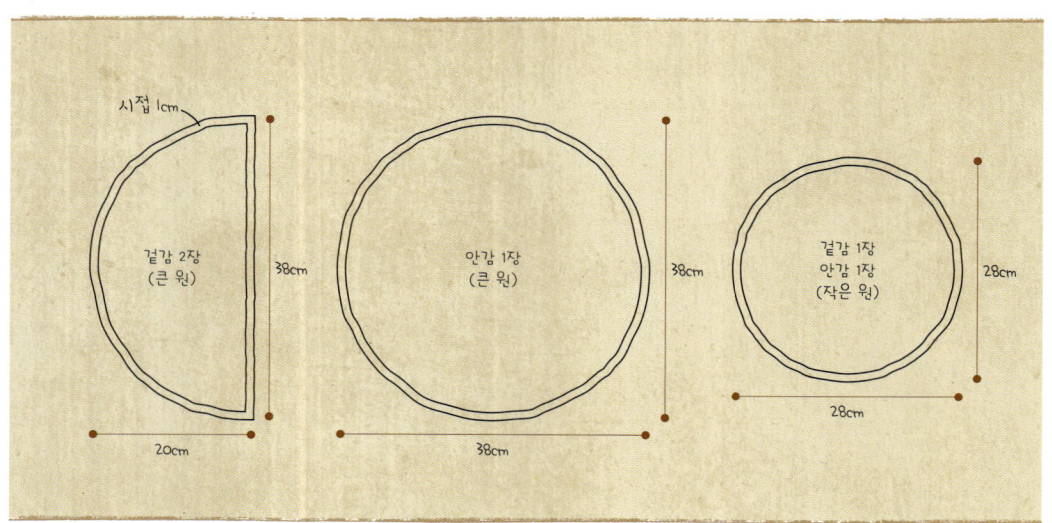

1 큰 원을 만들 겉감 2장을 겉끼리 마주 대고 박음질해주세요. 이때 스트링을 끼울 구멍과 창구멍은 남겨둡니다.

2 시접을 가름솔로 정리하고 다림질한 다음, 안감 원단과 겉끼리 마주 대고 완성선을 따라 둘레를 홈질해주세요.

3 시접에 가위집을 넣어주세요.

4 창구멍으로 뒤집고, 공그르기로 창구멍을 막아주세요.

5 다림질한 다음, 가장자리에서 안쪽으로 0.2cm 들어와 홈질해주세요. 끈을 넣을 부분도 사진처럼 홈질해줍니다.

6 작은 원을 만들 겉감과 안감도 겉끼리 마주 대고 완성선을 따라 둘레를 홈질한 다음, 시접어 가위집을 넣어주세요.

7 안감 원단만 살짝 들어 올려 가운데 부분을 5cm 정도로 잘라서 창구멍을 만들어주세요.

8 창구멍으로 뒤집은 다음, 창구멍이 벌어지지 않게 바늘을 지그재그로 오가며 꿰매주세요.

9 가장자리 안쪽으로 0.2cm 들어와 홈질해주세요.

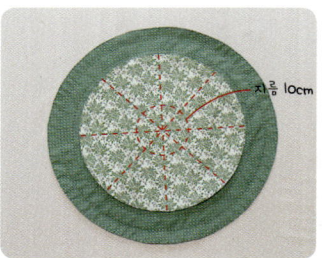

10 큰 원 위에 작은 원 원단을 올려주세요. 사진을 참고해서 8등분하고 홈질해줍니다.

11 양쪽에 스트링을 끼워주세요. 스트링 끼우는 방법은 '싱그러운 풀꽃 자수 스트링 파우치(94P)'를 참고해주세요.

12 나무 구슬을 끼우고 매듭을 지어줍니다.

완성

바늘꽂이 만들기

어렵지 않게 만들 수 있는 바늘꽂이에요. 자투리 원단을 활용해 다양한 크기로 만들어보세요.

재료 | 지름 12cm(시접 포함) 원단 2장, 솜, 구슬 또는 단추

1 재단해둔 원단 2장을 겉끼리 마주 대고 둘레를 박음질해주세요. 이때 창구멍을 남겨둡니다.

2 시접에 가위집을 주세요.

3 창구멍으로 뒤집어주세요.

4 솜을 넣은 다음, 창구멍은 공그르기로 막아주세요.

5 실 4~6겹을 두꺼운 바늘에 꿰어 위 중심에서 아래 중심으로 바늘을 넣어 통과시켜주세요.

재단할 때, 미리 원을 8등분해서 표시해주면 바느질하기가 좀 더 편해요.

6 반원을 그리듯 바늘을 다시 위 중심에 꽂아주세요.

7 이런 방법으로 실을 당기며 원을 2등분한 다음, 4등분, 다시 8등분해주세요.

8 위 중심에 구슬이나 단추를 달아주면 완성.

한여름의 필수품,
보냉 물병 주머니

한여름에 꽁꽁 얼린 시원한 물병을 가방에 담아서 가지고 다니다 보면
가방 안쪽이 축축해지고, 얼음도 금세 녹아버리죠.
그래서 작은 물병을 넣을 수 있는 보냉 물병 주머니를 만들어봤어요.
안쪽에 보냉지를 넣고 방수 원단을 사용해서 둘이 흐를 염려도 없고
물병을 좀 더 시원하게 보관할 수 있어요.
보냉지가 없다면 마트에서 아이스크림 살 때 담아주는 봉투를 활용해보세요.
도시락 주머니에 간식거리를 챙기고, 보냉 물병 주머니에 시원한 물을 담아서
소풍 가는 것도 좋겠지요?

Pretty Little Purses & Pouches

 한여름의 필수품, **보냉 물병 주머니**

〰️ **완성 사이즈 ┃** 지름 7cm, 높이 22cm

〰️ **재료 ┃** 분홍색 체크무늬 원단(겉감 몸판&조리개감), 분홍색 무지 원단(바닥판), 흰색 방수 원단(안감),
꽃무늬 커트지(장식용), 보냉지, 바이어스 테이프, 스트링, 나무 구슬

1. 재단 그림을 참고해 원단 뒷면에 완성선을 그려주세요. 바닥판은 174P 도안을 대고 완성선을 그려주세요.

2. 겉감과 안감은 시접 1cm를 주고 재단합니다. 보냉지는 시접을 따로 주지 않아요.

3. 스트링은 30cm 길이로 2개 준비해두세요.

4. 500mL 물병 크기에 맞는 주머니예요. 물병 크기와 모양에 따라 주머니 크기도 조절해보세요.

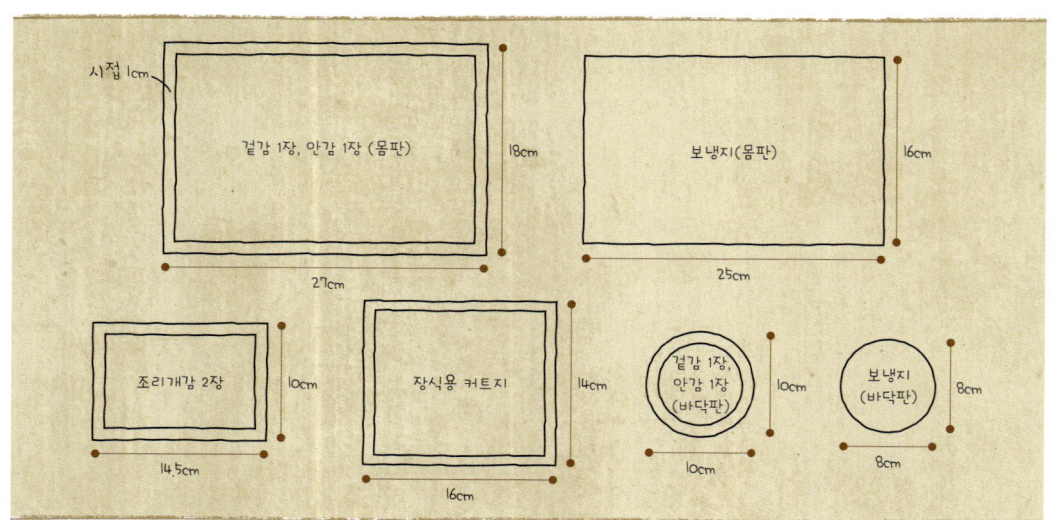

1 장식용으로 사용할 꽃무늬 커트지를 안쪽으로 사방 1cm씩 접어 다림질해주세요.

2 몸판 중앙에 커트지를 올려놓고 0.2cm 안쪽으로 들어와 둘레를 홈질해주세요.

3 몸판과 바닥판을 4등분해 만나게 될 지점을 표시해주세요.

4 몸판을 겉끼리 마주 대고 옆선을 시접 1cm로 박음질해주세요.

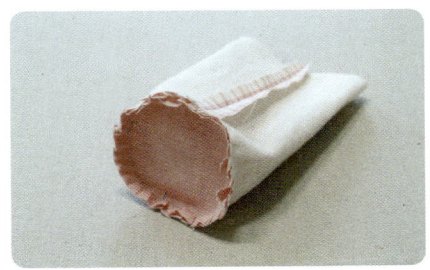

5 시접을 가름솔로 정리하고, 바닥판과 만나는 지점을 잘 맞춰서 완성선을 따라 박음질해주세요. 시접에는 가위집을 넣어줍니다.

6 겉면이 브이도록 뒤집어주세요.

7 안감도 겉감과 같은 방법으로 만들어주세요. 몸판의 옆선을 박음질한 다음, 바닥판을 연결해줍니다.

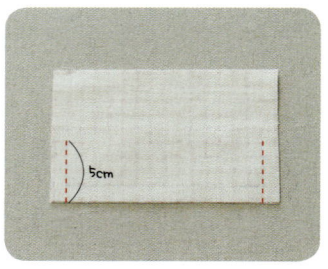

8 조리개용 원단은 겉끼리 마주 대고 양쪽 옆선을 시접 1cm로 박음질해주세요. 이때 끝까지 박지 말고 완성했을 때 스트링을 끼울 부분을 남겨둡니다.

9 시접을 가름솔로 정리하고, 안쪽으로 0.5cm 접어 다림질해주세요. 가장자리를 홈질로 고정한 다음, 박아준 부분이 끈을 끼울 때 벌어지지 않도록 바늘을 두세 번 오가며 꿰매줍니다.

10 조리개의 윗부분은 안쪽으로 1cm 접은 다음, 다시 2cm 접어서 다림질해주세요.

11 안쪽으로 0.2cm 들어와 홈질해주세요.

보냉지의 몸판은 바늘을 지그재그로 오가며 고정해줍니다. 바닥판도 같은 방법으로 연결해주세요.

12 겉감 몸판, 보냉지, 안감 몸판 순으로 넣어주세요.

조리개 안

13 조리개도 끼워서 둘레를 시침질해주세요. 이때 스트링을 끼울 부분은 양 옆으로 오게 합니다.

14 조리개 위에 바이어스 테이프를 올리고 한쪽 면을 펼쳐서 박음질해주세요. 이 때 시작 부분은 1cm 접어 넣고, 마무리는 시작 부분과 겹치도록 바이어스 테이프를 여유 있게 잘라줍니다.

15 바이어스 테이프를 넘겨 공그르기해주세요.

16 조리개를 꺼내 양쪽에 스트링을 끼워줍니다. 스트링 끼우는 방법은 '싱그러운 풀꽃 자수 스트링 파우치(94P)'를 참고해주세요.

완성

스트링 끝에 나무 구슬을 끼우고 매듭을 지어주면 완성

Pretty Little Purses & Pouches

작은 봉투 모양
도시락 주머니

직장 생활을 할 때 한동안 도시락을 싸가지고 다닌 적이 있어요.

사회 초년생이라 주머니 사정이 넉넉하지 않기도 했지만,

그보다는 함께 입사한 동기들끼리 도시락을 함께 먹는 즐거움이 더 컸습니다.

여고생처럼 깔깔거리며 서로의 반찬을 나눠먹는 재미라고 할까요.

그때의 기억을 떠올리며 도시락 주머니를 만들어봤어요.

도시락 주머니는 윗부분에 끈을 끼우는 형태가 많은데

이번에는 작은 봉투 모양으로 작업해봤어요.

도시락을 담을 때는 윗부분을 접어서 여며주고,

소풍 갈 때는 펼쳐서 간단한 간식거리를 담을 수 있지요.

이런 봉투 형태의 주머니는 도시락뿐만 아니라

다양한 소품을 담는 용도로도 활용할 수 있답니다.

Pretty Little Purses & Pouches

 작은 봉투 모양 **도시락 주머니**

 **준비하기**

〰〰**완성 사이즈 ┃** 가로 27cm, 세로 23cm

〰〰**재료 ┃** 하늘색 체크무늬 원단(겉감), 흰색 방수 원단(안감), 여밈용 끈, 종이 라벨, 싸개 단추

 **재단하기**

1. 재단 그림을 참고해 원단 뒷면에 완성선을 그려주세요. 겉감과 안감은 시접 1cm를 주고 재단합니다.

2. 이렇게 바닥면까지 한 번에 재단할 때는 바닥면이 접히면서 뒷면의 무늬가 거꾸로 보이기 때문에 무지 원단이나 위, 아래가 구분되지 않는 무늬의 원단을 사용합니다.

3. 여밈용 끈은 8cm로 잘라주세요.

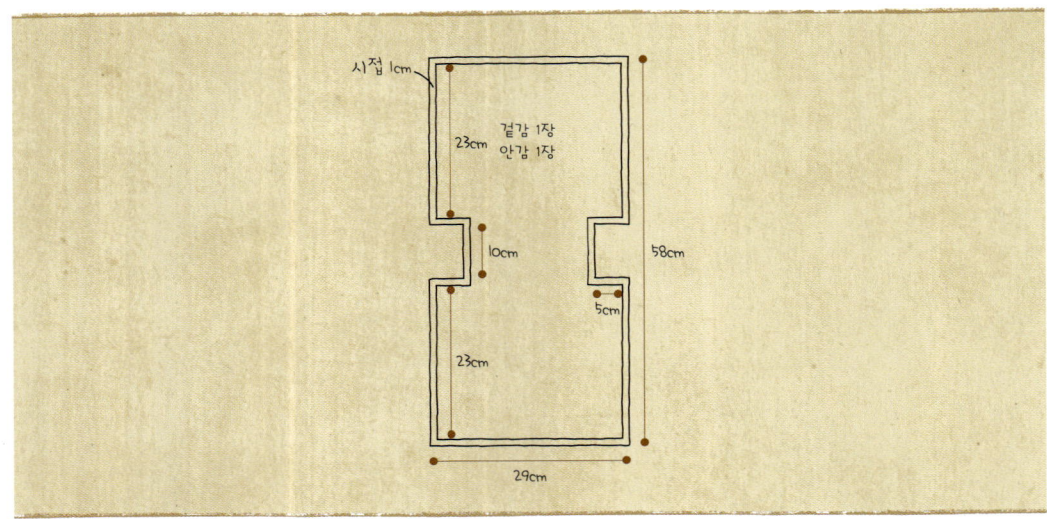

1 밑면에서 5cm 올라온 지점에 라벨을 달아주세요.

2 반대쪽 입구에 여밈용 끈을 고정해줄 거예요. 잘라둔 끈을 반으로 접어 홈질로 고정해줍니다.

3 라벨을 달아 끈 윗부분을 덮어주세요.

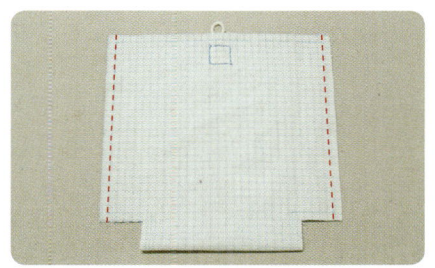

4 겉감을 겉끼리 마주 대고 반으로 접은 다음, 시접 1cm로 옆선을 박음질해주세요.

옆선을 가름솔로 정리하면 자연스럽게 밑면이 만들어 집니다.

5 옆선의 시접을 가름솔로 정리하고, 양쪽 밑면도 시접 1cm로 박음질해주세요.

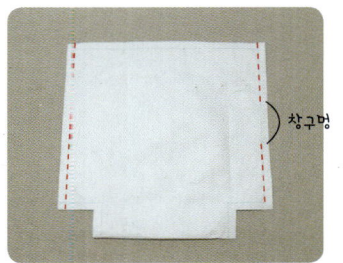

창구멍

6 안감도 겉끼리 마주 대고 접어준 다음, 옆선을 시접 1cm르 박음질해주세요. 이때 창구멍을 남겨둡니다.

7 양쪽 밑면도 박음질해주세요.

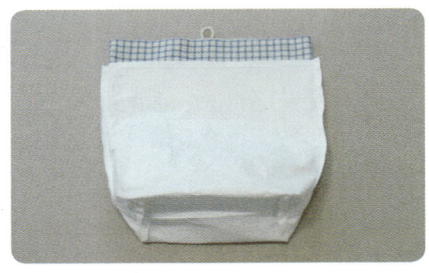

8 겉감의 겉이 보이도록 뒤집어서 안감에
겉감을 넣어주세요.

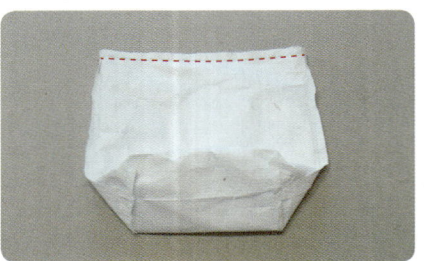

9 윗부분을 시접 1cm로 박음질해주세요.
이때 여밈용 끈은 아래쪽으로 향하게 해
서 시접만 박음질해줍니다.

10 창구멍으로 뒤집어주세요.

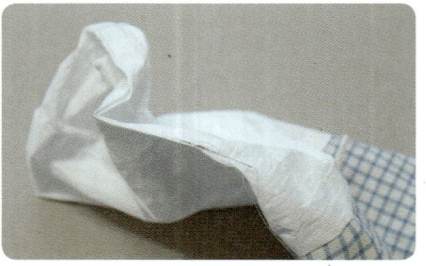

11 공그르기로 창구멍을 막은 다음, 안감을
겉감 안으로 밀어 넣어주세요.

12 입구 둘레를 스티치해주세요.

13 적당한 위치에 여밈용 싸개 단추를 달아 주세요.

완성

Pretty Little Purses
& Pouches

부록

도안 활용하기

쉘 케이스 1

쉘 케이스 2

빨간 구슬 프레임 **동전 지갑**

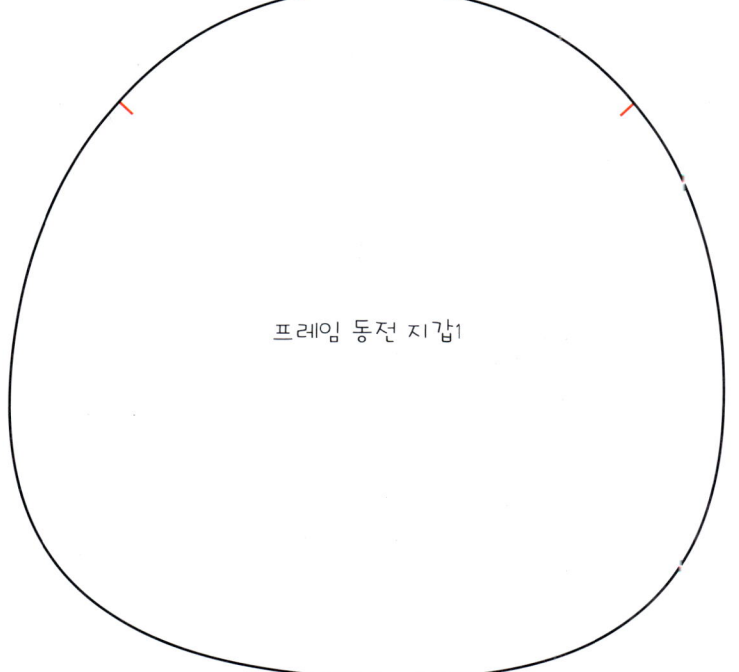

프레임 동전 지갑1

프레임 동전 지갑 2

마카롱 1
(겉감, 접착솜 겉감)

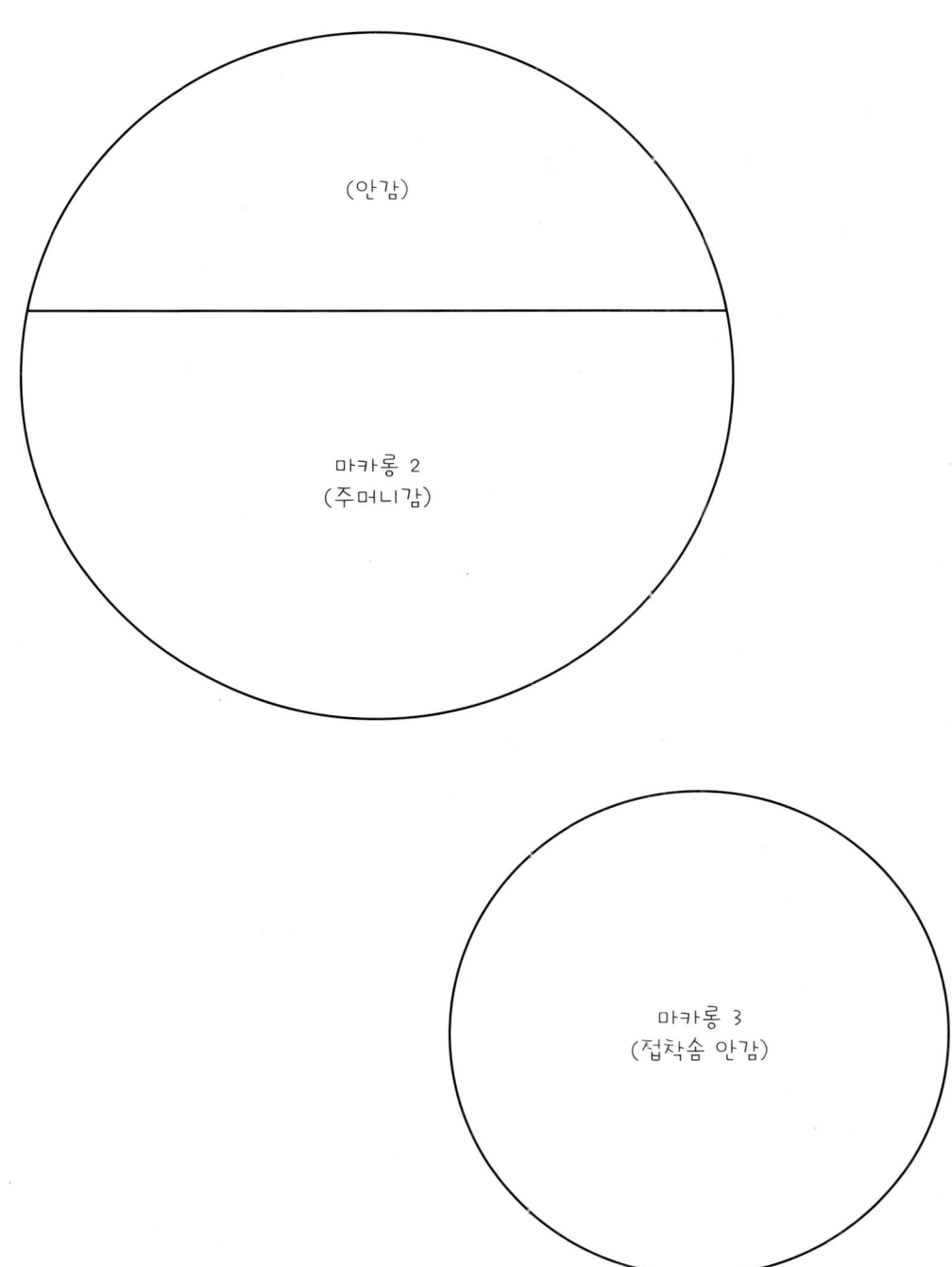

(안감)

마카롱 2
(주머니감)

마카롱 3
(접착솜 안감)

두배로 확대 복사해서
사용하세요.

두배로 확대 복사해서 사용하세요.

(원하는 크기로 확대 혹은 축소 복사해 사용하세요.)

두배로 확대 복사해 사용하세요.

언제 어디서든 **휴대용 바느질 주머니**

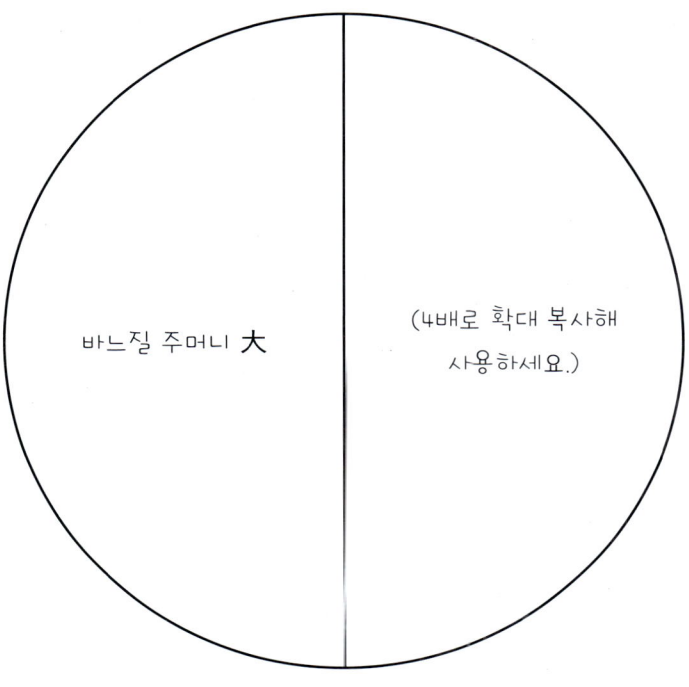

바느질 주머니 **大**

(4배로 확대 복사해 사용하세요.)

바느질 주머니 **小**
(4배로 확대 복사해 사용하세요.)

물병 주머니 (바닥판)

원단 및 부자재 구입

제가 즐겨 찾는 원단 및 부자재 상점이에요. 온라인 상점과 오프라인 상점을 적절히 이용하면 원하는 물건을 합리적인 가격에 구할 수 있습니다.

동대문 종합시장(서울시 종로구 종로 266)
원단 및 부자재 상점들이 모여 있어요. 2층에서 4층까지는 주로 다양한 원단들을 판매하고, 지하 1층은 털실 등을 비롯한 수예품, 1층은 부자재, 5층과 6층에서는 원단 및 부자재, 액세서리 소품들을 구입할 수 있어요. 상점마다 가격 차이가 조금씩 있으니 몇 군데 둘러보고 구입하세요. 단골 가게를 만들어두는 것도 좋은 품질의 재료를 착한 가격에 구입할 수 있는 방법입니다.

퀼트스타(quiltstar.co.kr)
다양한 퀼트 원단과 소품용 부자재들을 구입할 수 있어요. 지갑과 파우치를 만들 때는 특히 여러 종류의 부자재가 필요한데, 퀼트를 전문으로 하는 상점은 다양한 부자재를 갖추고 있어서 편리합니다. 반제품이나 도안도 판매하고 있어요.

네스홈(www.nesshome.com)
자체 제작 패브릭 원단으로 핸드메이더들 사이에서 널리 알려진 곳이에요. 주기적으로 새로운 원단을 선보여서 다양한 디자인의 원단들을 접할 수 있어요. 오프라인 매장은 동대문 종합시장 A동 5층(5117호)에 위치합니다.

꾸밈디자인(www.ccumimdesign.com)
한 폭의 그림 같은 채색과 일러스트가 돋보이는 자체 제작 패브릭 원단을 만날 수 있어요. 원단뿐만 아니라 자체 제작 부자재도 독특한 색깔이 있어 즐겨 찾는 상점입니다.

천가게(www.1000gage.co.kr)
다양한 종류의 원단과 부자재를 판매하고 있어요. 부담스럽지 않은 가격대의 품질 좋은 원단과 부자재들을 구입할 수 있어서 종종 들른답니다.

데일리라이크(www.dailylike.co.kr)
자체 제작한 원단과 부자재뿐만 아니라 심플하고 아기자기한 생활 소품, 문구류 등도 구입할 수 있어요. 어울리는 색상끼리 묶어서 판매하는 원단은 지갑이나 파우치 등의 소품을 만들 때 유용해요. 오프라인 상점에서도 구입할 수 있는데, 동대문 매장은 B동 6층(6069호, 6070호)에 위치합니다.

코튼빌(www.cottonvill.co.kr)
기본 디자인 원단뿐만 아니라 자체 제작한 개성 넘치는 원단과 부자재를 판매하는 상점입니다. 아이들이 좋아하는 캐릭터 원단과 리버티, 버치 등의 수입 원단도 구입할 수 있어요.